Couverture inférieure manquante

Prix : 1 Franc

Comment on devient Boulangiste

# Le Dossier

DE

# M. AIMELAFILLE

Député boulangiste de la Gironde.

**Les Accusations et les Preuves**
**Le Procès de l'EXPRESS**
**Condamnation de M. Aimelafille**
**SA DÉMISSION FORCÉE**

PARIS ET BORDEAUX
CHEZ TOUS LES LIBRAIRES

énéral : Librairie GRABY, rue Piliers-de-Tutelle, Bordeaux.



PREMIÈRE ÉDITION

Comment on devient boulangiste.

# Le Dossier

DE

## M. AIMELAFILLE

Député boulangiste de la Gironde.

## SA DÉMISSION FORCÉE

« Si mes accusateurs font la preuve, je me considérerai
» comme FLÉTRI. » Henri AIMEL

(Au *meeting de l'Alhambra* du 4 octobre.)

« Si l'*Express* prouve ses accusations devant le Tribunal
» Civil, je m'engage, SUR L'HONNEUR, à donner ma
» DÉMISSION de député. » Henri AIMEL

(*France*, *Victoire*, Affiches du 5 octobre.)

(Par L. Paderon imprime[ur]

LES ACCUSATIONS ET LES PREUVES

## LA CONDAMNATION DE M. AIMELAFILLE

**La vente à Wilson. — Places, faveurs, subsides sollicités auprès de Lockroy, Achard, Clémenceau. — La décoration mendiée au ministre Goblet. — Les radicaux trahis pour Boulanger. Traité Aimelafille-Lalou. — Procès, Jugement. — Le Chemin de la Croix d'Henri Aimelafille.**

PARIS ET BORDEAUX
CHEZ TOUS LES LIBRAIRES

# AU LECTEUR

---

*Le procès intenté à l'*Express *par M. Aimelafille, député boulangiste de Bordeaux, a eu un grand retentissement non-seulement dans la région du Sud-Ouest, mais à Paris et dans toute la France.*

*Ces débats avaient, en effet, une importance capitale et une haute portée.*

*Le jugement de Bordeaux, en flétrissant et condamnant M. Aimelafille, a mis à nu les appétits déçus qui partout, sous des formes diverses, ont donné naissance au boulangisme.*

*De tous les différents procès qui ont publiquement étalé l'immoralité boulangiste, celui de M. Aimelafille avec l'*Express *restera sans conteste l'un des plus édifiants.*

*Nous avons donc pensé qu'il ne serait pas inutile pour la cause républicaine de réunir tous les éléments de cette affaire dans un volume, qui restera comme un document pour tous et une leçon pour les électeurs qui ont pu un instant se laisser séduire et entraîner contre la République.*

L'EXPRESS.

# AVANT-PROPOS

« Il y a toujours autour d'un homme arrivé à une prodigieuse fortune une cohue d'officieux, de bohêmes, de ratés, d'assoiffés de pouvoir, qui le poussent, l'excitent, exaltent ses mauvais penchants, et à force d'adulations et d'aplatissements, le portent à s'exagérer sa force, à ne plus douter de son génie, à se figurer qu'il a une étoile, à s'imaginer, en un mot, que lui seul est quelqu'un, et que tout le reste c'est de la matière humaine faite pour la servitude.

» Ils l'appellent sauveur, ils l'appellent l'homme nécessaire, ils l'appellent le grand homme. Il fait un pas, ils se prosternent ; un geste, ils s'exclament ; il dit un mot, ils se pâment.

» Quand on a de l'esprit, de pareilles courtisaneries font sourire ; quand on a du cœur, elles dégoûtent ; quand on a de la vanité, elles enivrent et font perdre la tête.

» Rêver une présidence militaire ; rêver un Cavaignac dont on serait le Richelieu !

» Cela ne relève plus de la discussion politique. Cela relève de l'observation médicale. A ceux qui agitent de tels projets, ce ne sont pas des arguments qu'il convient d'opposer : ce sont des douches. » Henri Aimel.

En tête de ce volume, qui veut être et rester un document, nous avons considéré qu'il était juste de reproduire ces lignes écrites par... M. Aimelafille dans le journal *la Victoire* du 28 novembre 1882.

Cette peinture si fidèle « de l'officieux, du bohème, du raté, de l'assoiffé de pouvoir, » que nous avons démasqué en M. Henri Aimelafille, méritait, en raison même du nom de son auteur, d'être placée ici comme une épigraphe.

Voilà bien le boulangisme, cet état d'esprit qui précède toute dictature. C'est bien la photographie de tous ceux qui cherchent à se mettre à la remorque d'un maître pour avoir leur part de la curée.

Voilà comment on devient boulangiste. Et voilà bien les « officieux, les bohèmes, les ratés, les assoiffés de pouvoir » qui forment la cour de tout César.

M. Aimelafille, qui a été de ceux-là, a tracé de main de maître son propre portrait.

Nous aurions pu nous contenter de l'appréciation anticipée portée par l'Aimelafille de 1882 sur l'Aimelafille de 1890. Mais les « douches » qu'offrait M. Aimelafille aux gens de son espèce n'auraient, en ce qui le concerne, aucun effet. Sans doute, les arguments avec leur irrésistible logique ne seront pas un meilleur remède contre sa mauvaise foi.

Mais que nous importe le cadavre politique de feu M. Henri Aimelafille, dit Henri Aimel ?

Nous produirons donc nos arguments et nos preuves sans nous préoccuper aucunement de sa personnalité méprisable.

Ce volume ne veut pas être seulement la réponse de l'*Express* aux coups d'audace, aux mensonges, aux grossièretés de M. le député Aimelafille, mais beaucoup plus encore l'exécution légitime, publique et définitive de celui qui n'a plus le droit de parler ou d'écrire comme homme politique.

Si quelques naïfs, emballés par les accès d'hystérie furieuse que M. Aimelafille a présentés pour toute défense, avaient encore pu douter du bien-fondé des attaques de l'*Express*, qu'ils lisent ces pages : ils seront édifiés.

Mais à côté des accusations que l'*Express* a lancées froidement, catégoriquement, dont la preuve a été faite publiquement devant le Tribunal Civil, dont nous renouvelons ici la preuve par la reproduction de documents authentiques que nous mettons quiconque au défi de nier, soit au point de vue des dates, soit au point de vue de l'exactitude de leurs textes, — à côté de ces accusations, disons-nous, nous devons, non pas à M. Aimelafille, qui ne saurait avoir que notre dédain, mais à l'opinion publique — qui a déjà sanctionné la décision de la justice — quelques explications sur divers mensonges du député boulangiste, commis pour égarer le public et lui faire considérer comme victime et comme volé l'individu qui ne fut jamais qu'un exploiteur politique, un dupeur et un traître de la cause populaire.

∴

On sait que M. Aimelafille n'a cessé d'affirmer dans ses journaux — et qu'il a fait reproduire cette affirmation dans deux lettres de MM. Méran et Gilbert-Martin, les anciens associés de ses combinaisons multiples — que l'*Express* avait échafaudé sa flétrissure sur « un paquet de lettres volées » ; que « ce paquet de lettres volées » avait été produit devant le Tribunal Civil, soumis aux juges; et M. Aimelafille poussait l'audace jusqu'à s'étonner dans la *France* de ce que les magistrats aient toléré cette exhibition.

De tout cela, pas un mot n'est vrai !

M. Aimelafille a menti et fait mentir MM. Méran et Gilbert-Martin, les anciens associés de ses combinaisons multiples.

La vérité est que l'*Express* a reçu, au courant de la période électorale, un paquet de photographies reproduisant des lettres et documents relatifs à la vie politique de M. Aimelafille.

Ces photographies seules ont été produites publiquement, soit à l'examen de divers électeurs, soit en vitrine, sur les allées de Tourny, soit enfin devant les magistrats du Tribunal Civil.

Ces photographies seules pouvaient être produites, puisque l'*Express* n'a jamais possédé les originaux.

Ces originaux, si l'on en croit certains bruits, seraient encore entre les mains de M. Aimelafille. Et cette possession par lui de lettres qu'il hurle partout lui avoir été volées, expliquerait bien son insistance ironique à faire réclamer à l'*Express*, le 20 février dernier par Mᵉ Garrau, son avoué, les originaux en question, — originaux complètement inutiles, d'ailleurs, à la cause, puisque Mᵉ Roy de Clotte lui-même, l'honorable avocat de M. Aimelafille, avait reconnu la véracité des photographies versées aux débats.

Ainsi donc, en parlant d'un « paquet de lettres volées »

soumis au Tribunal, M. Aimelafille mentait : le flétri voulait duper l'opinion en se posant en victime.

Mais M. Aimelafille n'a pas borné là sa tactique.

Contrairement à la façon d'agir de tous les honnêtes gens, qui, s'ils sont attaqués à tort, s'empressent de se justifier, M. Aimelafille n'a apporté aucune explication, aucune raison, aucune preuve en sa faveur... Ah! pardon! nous oubliions que pour s'innocenter sur la question de la décoration, M. Aimelafille invoque le certificat de M. Clémenceau où ce dernier déclare textuellement que c'est « sur la demande de M. Aimelafille et alors qu'il était républicain » qu'il appuya le rédacteur en chef de la *Victoire* auprès de M. Goblet, pour l'obtention de la croix.

Ce magistral coup de fouet de M. Clémenceau, utilisé par M. Aimelafille comme le meilleur de ses arguments justificatifs, donne une idée des autres, — que, du reste, il n'a jamais fournis.

En revanche, M. Aimelafille a vomi à flots l'injure et la diffamation sur ceux qu'il considère, avec raison peut-être, comme d'irréconciliables ennemis.

M. Aimelafille, afin d'atténuer ou faire disparaître les accusations dont il était l'objet, a concentré tous ses efforts, a mis en œuvre toutes ses insinuations calomnieuses pour diffamer et tenter d'avilir celui qui avait eu le courage de se porter son accusateur public.

Il importe donc de rétablir les faits et de réduire à néant les calomnies et les diffamations de M. Aimelafille.

***

M. Georges Grilhé, ancien secrétaire de la rédaction de la *France du Sud-Ouest*, fondateur de ce journal à Bordeaux avec M. Armand Goin, son administrateur actuel, a été surtout l'objet des invectives de M. Aimelafille.

La raison de cette faveur spéciale?... Elle est bien simple. Nous venons de la faire toucher du doigt au lecteur.

M. Aimelafille, qui n'a pas toujours été un modèle de bravoure, avait été d'ailleurs fort malmené par M. Grilhé dans une lettre, bien connue de la plupart des rédacteurs de la *France* et où le jeune secrétaire, vexé d'un procédé jésuitique de M. Aimelafille, promettait au futur député de lui infliger, s'il recommençait, une verte correction.

C'était l'époque où M. Henri Aimelafille (que M. Lalou venait d'acheter bon marché) quittait furtivement les bureaux de la *Victoire*, traversait la rue Cabirol et entrait non moins furtivement, en face, à la *France*, pour soumettre au contrôle de l'administrateur, M. Armand Goin — qui avait seul, du journal *la France*, la honte d'être en relations avec le vendu — les articles sur commande qu'on lui payait 250 francs par mois.

Puis, la copie remise ou l'argent touché, M. Aimelafille repartait, honteusement, comme il était venu : car il ne possédait dans les bureaux de la *France* ni tabouret, ni coin de table, vivant comme un pestiféré dans ses bureaux déserts de la *Victoire*, où la rédaction de la *France* ne pénétrait jamais. Et M. Aimelafille trouvait néanmoins l'occasion de répandre son venin sur ceux dont il jalousait la situation indépendante et honorable — créée par le travail et non par la trahison — dans le journal de M. Lalou, où il rêve encore de devenir tôt ou tard le rival heureux de M. Armand Goin, l'administrateur actuel de la *France du Sud-Ouest*.

Ce souvenir de la correction proposée à M. Aimelafille par M. Georges Grilhé, et, d'autre part, la situation actuelle de ce dernier (sorti de la *France* pour accomplir son service militaire), situation qui lui interdit, pour l'heure, de payer en monnaie de gifles les injures de M. Aimelafille, tout cela, rage haineuse et certitude d'impunité momentanée, a été pour le député boulangiste un puissant stimulant à la nécessité qui s'imposait pour lui de diminuer M. Grilhé afin de supprimer toute la portée de ses accusations.

M. Aimelafille a donc diffamé.

« Bouche-d'Egout », comme on l'a si justement surnommé, s'est ouvert et s'est déversé.

Hâtons-nous de dire que ces quelques mots n'ont pas la prétention d'être une réponse aux articles de M. Aimelafille sur M. Georges Grilhé.

M. Aimelafille, le vendu corps et âme à M. Lalou, n'est pas de ceux qui peuvent discuter les honorabilités. Ce n'est pas pour M. Aimelafille que nous signalons ses mensonges. Il y a belle lurette que sa bonne foi est partie à la dérive;

et le Jacques Voland n'accepte pas plus de reconnaître ses erreurs qu'il ne consent à publier les réponses qu'on lui adresse sous pli recommandé.

C'est au public que ceci s'adresse, nous le répétons.

M. Aimelafille a donc reproché à M. Georges Grilhé d'avoir fait le *Réveil Bordelais*. Il lui en a attribué jésuitiquement la publication entière.

Mais laissons parler les dates :

M. Georges Grilhé a fondé le *Réveil Bordelais* à la fin de juillet 1886, sous la poussée de ce grain de socialisme révolutionnaire qui constitue nos conceptions politiques, entre les dix-huit et vingt ans.

Six mois après, en effet, M. Grilhé abandonne le *Réveil Bordelais*, en février 1887.

Durant cette période de six mois, le journal avait mené des polémiques violentes mais générales : on a cité, entre autres, celle menée contre l'hôtel de Bayonne, accusé d'être un centre d'espionnage allemand. Et certes, quelle que soit l'exagération des critiques, faut-il oublier que le but de la campagne était éminemment noble et patriotique et qu'elle n'était, après tout, ni moins violente ni moins personnelle que les attaques quotidiennement portées depuis longues années, dans la *France*, de Paris, par un de ses honorables rédacteurs, M. Lucien Nicot ?

Donc, dès le mois de février 1887, c'est-à-dire avant l'entreprise de toutes ces campagnes plus ou moins fondées qui ont procuré au *Réveil Bordelais* sa réputation scandaleuse, — dès le mois de février 1887, disons-nous, M. Georges Grilhé s'était complètement détaché du *Réveil Bordelais*, n'avait aucun rapport avec ceux qui continuaient, sous le même titre, la publication du journal.

A cette même époque, en effet, M. Georges Grilhé était entré en correspondance et en relations directes avec M. Armand Goin, alors secrétaire de la direction politique et de l'administration du journal *la France*, de Paris. M. Georges Grilhé se consacra, dès lors, exclusivement, à l'étude du projet de création de la *France du Sud-Ouest*. Cette étude préparatoire, faite de concert avec M. Armand Goin, dura quatre mois. Elle aboutit, comme on le sait, à la fondation du journal projeté, où les deux organisateurs entrèrent : M. Goin comme administrateur délégué de M. Lalou, M. Grilhé comme secrétaire de la rédaction. Ces dernières fonctions furent conservées par M. Grilhé dix-huit mois, jusqu'au 10 novembre 1888, date de son départ pour le service militaire, qu'il n'a pas encore terminé.

Nous venons de citer des faits et nous les avons appuyés de dates. Nous les opposons, sans phrases, aux diffamations ordurières du vendu à Lalou.

Entre le jeune homme de cœur, que son ardente nature et l'inexpérience de ses dix-huit ans ont pu entraîner dans des campagnes contre les abus, généreuses autant que malheureuses ; entre le néophyte enthousiaste et naïf de la défense des droits du peuple et l'homme d'âge mûr qui, depuis vingt ans, diffame, équivoque, insinue ; entre M. Georges Grilhé naissant à la vie politique par la lutte, acharnée autant que folle, du Pot de terre contre le Pot de fer, et M. Henri Aimelafille se vendant honteusement, près de la cinquantaine, pour 250 misérables pièces de vingt sous ; entre l'un et l'autre, le lecteur honnête jugera.

Mais nous allions oublier de relever cette fameuse « flétrissure judiciaire », imputée à M. Grilhé par M. Aimelafille et dont ce dernier parle sans cesse, omettant avec un parfait jésuitisme d'en déclarer les motifs.

Oui, certes ! M. Georges Grilhé a été condamné, légèrement d'ailleurs, en correctionnelle, pour avoir souffleté des provocateurs insolents.

Mais, si la sanction pénale était légitime, les faits en eux-mêmes n'étaient qu'honorables.

Entre un homme qui ramasse une injure sans broncher et celui qui la relève d'un soufflet, le choix de tous ceux qui ont quelque souci de leur honneur ne sera pas hésitant.

Ils auront pour le premier tout le mépris qu'il mérite.

Et le second, même réprimandé par la loi — qui, elle, ne se préoccupe jamais, à juste titre, du sentiment, — le second aura toute leur estime et leur sympathie.

Et d'ailleurs, à moins d'être prémuni contre ces excès de cœur par la prudente lâcheté de M. Aimelafille, quel journaliste ou quel homme politique, mêlé aux agitations suraiguës de la vie militante, soutenant sa cause de sa personne autant que de sa plume, n'a-t-il pas encouru, autant et cent fois plus, ce qui excite à si haut degré l'indignation factice du valet de plume vendu à M. Lalou?

Voilà les quelques explications que nous tenions à fournir.

∴

On pourra facilement remarquer qu'à l'opposé de M. Aimelafille, nous avons remplacé les injures et les grossièretés par des raisons et des faits indiscutables.

Que M. Aimelafille en fasse autant!

En accusant M. Aimelafille, nous avons été nets, précis, catégoriques.

Nous avons déterminé nos accusations.

Nous expliquons le logique enchaînement des faits reprochés à M. Henri Aimelafille et dénoncés au mépris public.

Nous produisons des documents dont les uns sont extraits des articles même de M. Aimelafille — reflet cynique de ses infamies secrètes — et dont les autres sont constitués par les photographies de certaines lettres.

Même sans se servir de ces photographies de lettres, Me Edouard Bertin fils, avocat de l'*Express*, a offert d'établir la preuve, aussi complète, aussi écrasante, si le journal était autorisé à faire citer les témoins importants et nombreux dont il peut disposer.

Nous ne publions aucun document, article ou photographie de lettre, sans l'accompagner de sa date, facile à vérifier.

Et les commentaires eux-mêmes que M. Aimelafille trouve si « fielleux », sont simplement les réflexions naturelles que le lecteur le plus impartial doit faire en parcourant dans un ordre méthodique l'écrasant dossier du député boulangiste.

∴

Nous avons fait précéder « les Accusations et les Preuves » — examinées successivement, une à une — d'un historique succinct des diverses phases de la polémique entre M. Aimelafille et l'*Express*.

A nos mises en demeure, nous avons opposé les subterfuges et les fuites de M. Aimelafille ; à notre attitude énergique mais correcte, son affolement grossier, injurieux.

Depuis le premier jour jusqu'au dernier, cette attitude n'aura pas changé.

Et aujourd'hui encore, en face de ses divagations désordonnées, des flots d'immondices que sa plume répand avec la facilité de la pratique, nous nous contentons d'enregistrer les preuves matérielles et les conclusions du tribunal affirmant avec nous que M. Aimelafille est coupable sur tous les chefs d'accusation énoncés contre lui.

Nous en établissons ici la preuve complète, irréfutable.

Et les dénégations impudentes de M. Aimelafille, à côté de ces preuves, en regard de la condamnation écrasante prononcée contre lui par les juges qu'il avait librement choisis, feront voir une fois de plus ce que valent le caractère et la bonne foi de l'homme qui, si justement démasqué et flétri, ose encore parler de son honneur et dénier celui des autres.

---

# PREMIÈRE PARTIE [1]

# LES INCIDENTS DE LA POLÉMIQUE

## Du journal *l'Express*

## Avec M. Henri AIMELAFILLE, dit Henri AIMEL

### Une communication électorale.

Dans son programme politique, le journal *l'Express* avait annoncé qu'il voulait conserver au milieu des luttes des partis son indépendance absolue et qu'il était une « tribune libre ouverte à tous les électeurs ».

Parmi les nombreuses communications électorales qu'il reçoit, il en est une qui concerne M. Aimelafille, candidat boulangiste de la 2e circonscription de Bordeaux. Elle se compose de plusieurs questions. Fidèle à son programme d'impartialité, l'*Express* la mentionne en ces termes, sous la rubrique « Chronique électorale », à la place réservée à la 2e circonscription de Bordeaux :

Dans cette circonscription, le succès de la candidature du citoyen Aimel nous paraît assuré. L'*Express* sera heureux de lui prêter son concours. Il serait néanmoins désirable que le corps électoral, à qui l'on doit toute lumière, reçût des explications catégoriques sur certains faits reprochés au candidat député.

---

(1) Cette première partie et la deuxième, LES ACCUSATIONS ET LES PREUVES, ont été déjà publiées en un mémoire autographié de 96 feuillets, dont de nombreux exemplaires ont été versés aux débats du procès.

M. Aimelafille, dans ses conclusions, avait demandé la suppression de ce mémoire.

Le Tribunal Civil a décidé dans l'un de ses considérants « *que la suppression de ce mémoire ne saurait être ordonnée, attendu que le mémoire dont il s'agit comprend dans ses parties essentielles les documents sur lesquels a porté la discussion, et que les commentaires qui accompagnent ces documents n'excèdent point les nécessités de la défense de l'affaire soumise au tribunal.* »

Ces faits sont énoncés dans la communication ci-dessous que nous adresse un électeur de la 2e circonscription et que notre caractère d'organe indépendant nous fait une obligation d'accueillir.

L'intérêt de M. Aimel, plus encore que celui des électeurs, exige que des explications sincères de sa part ne laissent planer aucun doute sur les convictions et le passé politique du brillant rédacteur en chef de la *Victoire* :

« M. Aimel, après avoir attaqué le tripoteur Wilson dans son journal, n'est-il pas entré en relations avec lui ? N'a-t-il pas mis sa main dans sa main et tenté à diverses reprises de lui vendre sa plume ?

» M. Aimel, après l'avortement des combinaisons Wilson, n'a-t-il pas sollicité, auprès des chefs du radicalisme et du gouvernement lui-même, des faveurs, places ou subsides pour ses co-associés ou son journal ?

» M. Aimel n'a-t-il pas mendié, auprès du ministre Goblet, la croix de la Légion d'honneur ; en échange, la *Victoire* serait devenue ministérielle ?

» M. Aimel — places, subsides et décorations n'arrivant pas -- n'a-t-il pas renié le radicalisme pour le boulangisme ?

» M. Aimel pourrait-il nous dire quels sont les termes du traité secret qui le lie avec celui qu'il appelait lui-même « l'homme d'affaires Lalou » et pour quel prix il lui a vendu sa conscience politique et le parti radical ? » (*L'Express*, 3 octobre 1889, page 2, col. 1.)

Comme on vient de le voir, l'*Express* reproduit les questions de son correspondant sans modifier leur forme interrogative, en les faisant même précéder de quelques réserves ; car, en sa bonne foi, le journal attend les éclaircissements de M. Aimelafille et sa justification complète.

---

## Les réponses aux questions.

Cependant, M. Aimelafille ne répond pas. La *Victoire*, dont il est le rédacteur en chef, reste muette.

Et le correspondant de l'*Express*, qui, sans doute, a lu nos réserves de la veille, qui a dû également constater le silence de M. Aimelafille, juge nécessaire de prévenir le journal contre ces réserves et de réparer le mutisme du candidat boulangiste en fournissant lui-même les réponses aux questions posées dans sa première communication.

Ces réponses sont enregistrées par l'*Express* en ces termes :

### RÉPONSES A DES QUESTIONS

Nous avons accueilli, dans notre numéro d'hier, une série de questions posées à M. Aimel, candidat, par un électeur de la deuxième circonscription.

Nous avions fait suivre cette publication des réflexions suivantes :

« L'intérêt de M. Aimel, plus encore que celui des électeurs, exige que des explications sincères de sa part ne laissent planer aucun doute sur les convictions et le passé politique du brillant rédacteur en chef de la *Victoire*. »

M. Aimel a cru devoir observer un silence absolu dans le journal *la Victoire*, dont il est rédacteur en chef.

Notre correspondant n'a pas agi de même, et les réponses que M. Aimel n'a pas voulu donner à ces questions, il a dû les faire lui-même.

Les voici, précédées des questions déjà posées dans notre numéro d'hier :

*Première Question.*

Demande. — M. Aimel, après avoir attaqué le « tripoteur Wilson » dans son journal, n'est-il pas entré en relations avec lui, n'a-t-il pas mis sa main dans sa main, et tenté, à diverses reprises, de lui vendre sa plume ?

Réponse. — Oui, M. Aimel, après avoir attaqué le « tripoteur Wilson », a voulu lui livrer les journaux *la Victoire* et *le Petit Bordelais*.

A cet effet, les délégués de Wilson, M. Laffont, son secrétaire particulier, et l'imprimeur de la *Petite France*, à Tours, sont venus à Bordeaux pour traiter.

M. Aimel aurait eu, en paiement, des actions des entreprises Wilson et serait resté comme rédacteur en chef **aux gages** du gendre de M. Grévy.

Cette combinaison, qui n'a pas abouti, a été obstinément poursuivie jusqu'à la veille de la condamnation Wilson, dont M. Aimel connaissait parfaitement les agissements et les tripotages variés.

*Deuxième Question.*

Demande. — M. Aimel, après l'avortement des combinaisons Wilson, n'a-t-il pas sollicité auprès des chefs du radicalisme et du gouvernement lui-même, des faveurs, places ou subsides pour ses co-associés ou son journal ?

Réponse. — Oui, M. Aimel, voyant Wilson lui échapper et devant la situation critique des journaux *la Victoire* et *le Petit Bordelais*, s'est retourné du côté des chefs du radicalisme, demandant, par exemple, la nomination de son co-associé, M. Méran, d'abord comme secrétaire général de l'Exposition universelle, puis obtenant pour lui la place de Directeur du personnel au Ministère des postes et télégraphes ; demandant, en outre, soit que Clémenceau, par ses relations dans le parti radical, ou par lui-même, ou par l'Etat, obtînt des subsides pour son journal.

En désespoir de cause, on demandait qu'il fût alloué des appointements par l'Etat à M. Méran, qui en avait fait l'abandon pour subventionner M. Aimel. L'ingénieuse combinaison frisait donc de très près les fonds secrets.

*Troisième Question.*

DEMANDE. — M. Aimel n'a-t-il pas mendié auprès du ministre Goblet la croix de la Légion d'honneur : en échange, la *Victoire* serait devenue ministérielle ?

RÉPONSE. — Oui, M. Aimel a mendié la croix de la Légion d'honneur auprès de M. Goblet, ministre de l'intérieur. A cet effet, la *Victoire* cessa ses attaques ; des visites furent faites à la Préfecture, qui trouvait M. Aimel « trop fraîchement converti ».

MM. Saisset-Schneider, ancien préfet, Clémenceau et Achard s'employaient auprès de M. Goblet. M. Achard, dans une dernière tentative auprès du ministre Goblet, et devant son refus de la croix pour M. Aimel, alla jusqu'à le menacer de le renverser.

Ceci se passait à la fin de décembre. Le 1er janvier, l'*Officiel* n'apportait point la nomination attendue par M. Aimel.

Dès le 18 janvier, aussitôt les Chambres rentrées, M. Achard attaquait violemment M. Goblet à propos des fonds secrets, et le lendemain, M. Aimel, dans un article intitulé : « Avis au Ministère », imprimait textuellement : « Si M. Goblet se figure que nous (radicaux) allons le soutenir pour ses beaux yeux ! »

*Quatrième Question.*

DEMANDE. — M. Aimel — places, subsides et décorations n'arrivant pas — n'a-t-il pas renié le radicalisme pour le boulangisme ?

RÉPONSE. — Oui, M. Aimel, ne pouvant obtenir des chefs du radicalisme aucun concours financier ni subvention sur les fonds de l'Etat sous une forme quelconque, ne pouvant même pas décrocher la décoration, qu'il avait mis tout en œuvre pour se faire donner, se décida à renier un parti politique qui ne rapportait ni argent ni honneurs.

Il se détourna de ses anciens amis radicaux, attaqua Clémenceau, Pelletan et Achard lui-même, qui s'était cependant si longtemps et avec tant de dévouement compromis pour servir ses intérêts et pour le faire décorer. Oui, M. Aimel, dès lors, se tourna vers le soleil levant, plein de promesses alléchantes : le Boulangisme.

*Cinquième Question.*

DEMANDE. — M. Aimel pourrait-il nous dire quels sont les termes du traité secret qui le lie avec celui qu'il appelait lui-même « l'homme d'affaires » Lalou et pour quel prix il lui a vendu sa conscience politique et le parti radical ?

RÉPONSE. — Oui, M. Aimel est lié par un traité secret avec M. Lalou ; cette vente de la *Victoire* a eu lieu sous la condition expresse qu'elle serait tenue secrète afin que les radicaux crussent toujours qu'ils avaient, comme par le passé, à leur disposition, un organe radical (la *Victoire*) et un journaliste indépendant (M. Aimel).

Cependant, M. Aimel s'est engagé dans ce traité à ne pas

écrire dans la *Victoire* une ligne sans en avoir reçu l'agrément de « l'homme d'affaires Lalou » ou de son représentant à Bordeaux, l'administrateur de la *France*.

Le prix de cette vente de la conscience politique de M. Aimel et de cette trahison du parti radical bordelais (livré ainsi à son insu à la *France*) est fixé à **deux cent cinquante francs par mois** — les trente deniers de Judas — touchés par M. Aimel pour faire, sur commande, des articles radicaux dans la *Victoire*, tandis qu'il touche pareille somme pour faire des articles d'une nuance opposée dans la *France*, en se cachant sous le nom de Jacques Voland.

Les lecteurs de l'*Express* comprendront-ils maintenant les raisons du prudent silence de M. Aimel ?

(*L'Express*, 4 octobre.)

Avec ces « Demandes » et « Questions », le correspondant de l'*Express* avait eu le soin (afin de détruire complètement les doutes que lui semblait avoir le journal) de lui faire parvenir un dossier complet de preuves démontrant au plus rapide examen que les interrogations de la veille n'étaient pas risquées, que le silence de M. Aimelafille n'avait rien d'étonnant, que les réserves de l'*Express* n'avaient été qu'excès de bonne foi et que les questions devaient se transformer en accusations.

Devant l'évidence des faits, l'*Express* ne pouvait plus douter.

---

### Le coup d'audace de la salle des Camélias.

Les « Réponses à des Questions » durent troubler M. Aimelafille ; car le muet se décide à parler.

Pour se justifier peut-être ?

Jamais de la vie !

Il s'indigne ! il injurie ! il ne dérage pas !

Dans une réunion publique, salle des Camélias, il déclare qu'il « va prévenir le coup ». Il monte à la tribune, lit les questions, n'y répond rien, mais, en revanche, les attribue à un ex-curé défroqué, exécuté par lui quinze jours auparavant dans la *Victoire*. Ce coup d'audace réussit pour l'instant. Mais, quelques heures après, les éditions du matin de la *Petite Gironde* et du *Nouvelliste* publient la note suivante :

« Quatre rédacteurs du journal *l'Express* se sont présentés hier soir dans nos bureaux pour protester contre l'allégation de M. Aimel, qui, à la réunion de la salle des Camélias, a attribué à un sieur Dupuy la paternité de certaines attaques dirigées contre lui.

» La rédaction de l'*Express* tient à déclarer que le sieur Dupuy n'appartient en aucune façon ni à la rédaction ni à l'administration de ce journal. »

(*Petite Gironde* et *Nouvelliste*, 4 octobre.)

## Un échantillon des preuves.

A chaque nouvel acte de cynisme, à chaque nouveau mensonge de M. Aimelafille, le journal prend la résolution de riposter par la publication d'une preuve catégorique.

Et il commence dans son numéro du samedi 5 octobre :

AUX ÉLECTEURS

LISEZ ET JUGEZ

Hier matin, dans la *Victoire*, où il est rédacteur-domestique de M. Lalou, à 250 francs par mois, M. Aimelafille n'a pas osé tenter de se justifier des attaques de l'*Express*.

Hier soir, dans la *France*, où il est encore, sous le nom de Jacques Voland, rédacteur-domestique de M. Lalou, à raison de 250 francs par mois, M. Aimelafille a dû observer le même silence prudent.

Aux Camélias, la présence des électeurs a nécessité un coup d'audace.

« A tout prix, s'était dit M. Aimelafille, je ne dois pas répondre : je vais chercher une diversion. »

Et voilà pourquoi M. Aimelafille s'est payé la haute fantaisie d'attribuer la paternité de nos attaques (puisque nous sommes solidaires de notre correspondant) à un sieur Dupuy, qu'il connaît cependant beaucoup mieux que personne, puisqu'il fut longtemps son ami et le témoin de son mariage.

Quant à la rédaction de l'*Express*, dès hier soir, quatre de ses membres se sont rendus au *Nouvelliste* et à la *Gironde* et ont protesté contre le mensonge impudent de ce candidat à tout faire.

M. Dupuy, avons-nous dit, « n'appartient en rien ni pour rien, ni à la rédaction ni à l'administration de l'*Express*. »

Ainsi donc, M. Aimelafille a pris ce mensonge, dont il avait conscience, comme moyen de diversion; mais nous l'arrêtons au collet.

Il faut, bon gré mal gré, qu'il regarde en face nos accusations.

A ses dénégations d'hier soir, à son triomphe exhilarant d'aujourd'hui dans la *Victoire*, nous opposerons trois questions relatives aux lettres ci dessous :

(Suivaient trois lettres relatives: la première à une demande de décoration, la deuxième à des tripotages variés, la troisième à un marché avec M. Wilson. Nos lecteurs les trouveront plus loin avec nos autres preuves, à la partie des documents. Cette publication était suivie de la triple question ci-après :)

1° M. Aimelafille, rédacteur en chef de la *Victoire*, est-il oui ou non l'objet de la première ?

2° Les projets de tripotages qui remplissent la deuxième concernent-ils oui ou non le journal *la Victoire?*

3° M. Aimelafille, rédacteur en chef de la *Victoire*, est-il, oui ou non, l'auteur de la troisième ?

Allons, Monsieur Aimelafille ! niez encore, si vous l'osez !

Il ne vous resterait plus qu'une honte à subir, celle de vous voir démasquer par un jury d'honneur, que nous réclamerions alors parmi vos amis les plus intimes.

. . . . . . . . . . . . . . . . . . . . . . . . . .

Après ce qu'on vient de lire, le devoir des républicains radicaux est tout tracé.

Un candidat sincère se trouvait à côté de M. Aimelafille.

M. Michel Laporte, tout le monde le sait, a été roulé par celui qu'il appelle « son vieil et loyal ami ».

Les électeurs doivent réparer cette tricherie.

En dépit du désistement de M. Laporte, toutes les voix de M. Aimelafille doivent se reporter sur lui.

(L'*Express*, 5 octobre.)

---

## Un jury d'honneur refusé.

Ce n'est pas tout de signaler les mensonges et l'impudence de M. Aimelafille à ceux qui ne sont pas les naïfs ou des gens de mauvaise foi. L'*Express* veut le forcer à s'expliquer lui-même. M. Aimelafille n'est-il pas candidat? Ne doit-il pas justifier sa vie politique auprès des électeurs dont il brigue les suffrages?

L'*Express* veut donner à M. Aimelafille tous les avantages qu'il peut souhaiter : il propose au candidat boulangiste un jury d'honneur dont les membres seront pris, à son choix, dans le sein du comité qui le patronne.

L'*Express* ne pouvait être plus accommodant; il indiquait bien par là qu'il n'avait pas lancé des accusations à la légère, puisqu'il prenait pour arbitres, contre M. Aimelafille, les amis de M. Aimelafille lui-même.

Voici d'ailleurs les termes exacts dans lesquels l'*Express* émet cette proposition :

M. AIMEL. CESSE DE NIER

NOUS OFFRONS LES PREUVES A UN JURY D'HONNEUR

M. Aimelafille doit enfin cesser de nier devant la publication de preuves irréfutables.

Ces preuves, nos rédacteurs voulaient hier soir les produire à l'Alhambra (1).

---

(1) L'*Express* s'est félicité depuis de cette impossibilité matérielle dont ses rédacteurs n'ont pas été les seules victimes, puisque plusieurs milliers d'électeurs ont dû stationner, comme eux, Boulevard du Cirque, sans trouver le moyen de pénétrer dans l'Alhambra.

L'*Express* s'est laissé dire, en effet, que, ce soir-là, une bande de voyous boulangistes, experts en l'art de rendre les réunions tumultueuses, devait provoquer une bagarre au moment où le porteur des documents se présenterait à la tribune, sur la mise en demeure préméditée de M. Aimelafille. Le but était d'enlever de vive force les documents accusateurs et de les supprimer à tout jamais.

Il leur a été impossible de pénétrer dans la salle.

Protégé par ce hasard, M. Aimel propose aux électeurs le Tribunal Civil.

C'est une nouvelle duperie. Nous réclamons un jury d'honneur immédiat pour lui soumettre les preuves de tous les faits avancés et de bien d'autres. Afin d'éviter toute idée de partialité, nous acceptons comme membres de ce jury le président et le vice-président du comité de M. Aimel, auxquels s'adjoindront le président du meeting où la proposition a été faite et trois électeurs républicains indépendants, notoirement connus.

Si M. Aimel refuse, c'est qu'il aura peur des preuves.

(*L'Express*, 5 octobre 1889, 2e édit.)

L'*Express* ajoutait que sa rédaction « se tenait à la disposition du jury, dans ses bureaux, 91, rue Porte-Dijeaux, de 10 heures du matin à 4 heures du soir. » Et cette invitation était notifiée, avant dix heures du matin, aux divers intéressés, sous pli cacheté remis à domicile.

Mais, une fois de plus, M. Aimelafille se condamne lui-même.

Il refuse le jury d'honneur!

Cette reculade est consignée par l'*Express* en ces termes :

IL AVOUE

Nous avons proposé à M. Aimelafille, comme membres du jury d'honneur entre lui et nous, son propre comité.

Il refuse : c'est un aveu!

Depuis bien des années, M. Aimelafille se joue du parti radical, se posant en matamore et en champion de l'honnêteté politique.

Il nous a suffi de cinq questions formulées en vingt lignes — pas une de plus — pour le percer à jour et le confondre.

A nos accusations si nettes, si précises, il n'a pas trouvé un mot, un seul mot à répondre.

Nous offrions nos preuves, non pas à ses adversaires, mais à ses amis les plus intimes, à ceux-là mêmes qui soutiennent sa candidature, aux membres de son Comité.

Nous nous en remettions au jugement de ces républicains connus, purs de toute compromission.

M. Aimelafille, confondu, s'est voilé la face.

Au lieu d'accourir chez nous, en honnête homme indigné, demander qu'on lui produisit les pièces de son dossier, pour nous confondre avec l'énergie d'un républicain intègre injustement attaqué et diffamé, il s'est dérobé et s'est caché.

Nous avons publié des lettres : il s'est bien gardé de les nier.

Il avoue.

Il est confondu.

Il est condamné.

Il est flétri!

Désormais, quel que soit le résultat du scrutin, en admettant même qu'il fût élu par des électeurs auxquels il a refusé la faculté de s'éclairer, M. Aimelafille est, politiquement parlant, un homme perdu. Son rôle à Bordeaux est fini.

Nous tenons à la disposition de tous les électeurs républicains de la 2e circonscription les preuves de toutes nos accusations contre M. Aimelafille.

Elles sont indéniables.

On ne nous accusera pas de chercher des faux-fuyants et de nous dérober.

Avant de déposer leur bulletin dans l'urne, si leur conscience a besoin d'être rassurée, qu'ils viennent dans nos bureaux et ils verront de leurs propres yeux les preuves palpables de tous les faits que nous reprochons à M. Aimelafille.

(*Express*, 6 octobre 1889.)

---

## L'ASSIGNATION DEVANT LE TRIBUNAL CIVIL

A bout de ruses contre tant de franchise, M. Aimelafille avait consulté son avoué en même temps qu'il refusait le jury d'honneur.

Et c'est alors que, sur les conseils de Me Garrau, il assigne l'*Express* devant le Tribunal Civil.

Voici les principaux extraits de cette assignation :

. . . . . . . . . . . . . . . . . . . . . . . . . .

Attendu que dans le numéro du 3 octobre 1889, le journal l'*Express* a posé à M. Henri Aimel, requérant, une série de questions tendant à établir que ledit requérant après avoir attaqué le tripoteur Wilson, a mis sa main dans sa main et tenté à diverses reprises de lui vendre sa plume;

Que le requérant a mendié auprès du ministre Goblet la croix de la Légion d'honneur; en échange, la *Victoire* serait devenue ministérielle;

Que ces imputations ont été développées et précisées par l'*Express* dans ses numéros des 4 et 5 octobre 1889 notamment, au moyen de la publication soit de lettres de M. Aimel à un tiers, soit de lettres de tiers à des tiers.

. . . . . . . . . . . . . . . . . . . . . . . . . .

Qu'il est évident que ces accusations mensongères et calomnieuses se sont produites dans le but poursuivi de nuire à la candidature de député posée par le requérant; qu'elles sont de nature à porter à son honneur, à sa considération, à son honorabilité incontestés la plus grave des atteintes;

Qu'elles lui causent d'ores et déjà un préjudice moral et matériel considérable; que le requérant, entendant laisser à ses diffamateurs pleine et entière liberté pour faire établir la preuve des faits diffamatoires qu'ils ont avancés, il saisit la juridiction civile, devant laquelle la preuve est admise;

En conséquence, s'entendre, les assignés, conjointement et solidairement, condamner à payer au requérant la somme de *trente mille francs* de dommages-intérêts; entendre, à titre de plus amples dommages-intérêts, autoriser le requérant à publier à leurs frais dans dix journaux de Paris et vingt-cinq journaux de la province, le jugement à intervenir, etc., etc.

---

## Le placard « A mes Diffamateurs ».

Cette assignation, il l'annonce à grand fracas, — car c'est la veille de l'élection, et il faut laisser croire aux électeurs, quelques instants encore, qu'il est innocent comme un nouveau-né.

La *France* et la *Victoire* publient, dans leurs colonnes, une solennelle déclaration de M. Aimelafille portant en lettres de lanternes ce titre : *A mes diffamateurs !*

La publicité des journaux lui paraît insuffisante et d'innombrables affiches reproduisant cette déclaration couvrent tous les murs.

Voici ce morceau de cynisme, dont les termes étaient précieux à retenir pour le lendemain du procès :

A MES DIFFAMATEURS !

Un journal anonyme, créé tout exprès pour soutenir la candidature Mérillon par la diffamation et le chantage, m'accuse :

1° D'avoir mendié la croix de la Légion d'honneur ;

2° D'avoir essayé de vendre ma plume à M. Wilson.

Il publie aujourd'hui trois lettres ayant pour but de prouver cette diffamation. Et il me convie devant un jury d'honneur.

Le jury d'honneur que je choisis, parce qu'il me donnera la réparation à laquelle j'ai droit, c'est le Tribunal Civil, devant lequel la preuve est admise.

J'assigne donc le journal en question devant le Tribunal Civil.

Là, publiquement, par pièces et témoins, il prouvera son accusation.

S'il la prouve, je m'engage, sur l'honneur, à donner immédiatement ma démission de député, si je suis élu.

S'il ne la prouve pas, il sera condamné, et les dommages-intérêts que je réclamerai — ce sera le plus fort chiffre possible — seront versés au bénéfice des pauvres de Bordeaux.

Henri AIMEL.

---

## Exposition publique des photographies documents.

A cette manœuvre de la dernière heure, à ce coup d'audace inouï qui enleva l'élection de M. Aimelafille, l'*Express* répondit en exposant pendant trente-six heures, en plein cœur de Bordeaux, dans les vitrines du n° 2 des allées de Tourny, à côté du Café de Bordeaux, les documents photographiés servant de base aux accusations contre M. Aimelafille.

L'*Express* annonce cette exposition de documents en ces termes :

ÉLECTEURS, CONSULTEZ NOS DOCUMENTS !

M. Aimelafille n'a pas accepté le jugement de ceux-là même qui le soutiennent, du président et du vice-président de son Comité.

Il s'est condamné lui-même. Les électeurs ont compris; mais nous, nous avons à cœur de montrer que nous n'avons pas fait métier de diffamateurs.

Nous avons fait acte de justice.

Et puisque M. Aimel se dérobe insaisissable à l'appréciation de ses amis, nous le soumettons au jugement du peuple.

Les documents servant de base aux faits avancés par l'*Express* et niés par M. Aimelafille seront exposés publiquement allées de Tourny, n° 2. (*Express*, 6 octobre.)

Et une deuxième édition de l'*Express*, parue le dimanche matin de l'élection, publiait ce dernier avis :

ÉLECTEURS !

Avant de voter, allez consulter la photographie des documents authentiques établissant la vérité des accusations portées contre M. Aimel.

Vous pourrez y lire, entre mille faits :

Qu'Aimelafille a écrit et signé que « Wilson était un homme à ménager, avec lequel il fallait compter financièrement; avec lequel on pourrait s'entendre ».

Que M. Achard, dévoué jusqu'à la complaisance pour M. Aimel — et depuis lors si lâchement abandonné et combattu par M. Aimel — a sollicité pour le journaliste de la *Victoire* une croix auprès de M. Goblet, et que cette croix, refusée à M. Aimel, fut accordée à M. Maubourguet.

Que M. Aimel n'a cessé pendant des mois de faire réclamer par un de ses amis, auprès de M. Clémenceau et d'autres, des secours en argent pour la *Victoire*.

Les électeurs ne savent-ils pas, en outre :

Que M. Aimel a demandé une place à la *Gironde* en promettant d'y être « bien sage »;

Que depuis cette sollicitation sans succès, M. Aimel n'a cessé de cracher sur elle;

Que le même jour M. Aimel écrivait un article antiboulangiste dans la *France* et un article boulangiste dans la *Victoire*, etc.

Electeurs, vous pouvez vous convaincre de vos propres yeux que M. Aimelafille est le modèle de toutes les palinodies, de toutes les audaces.

Nous n'essayons pas, nous, de vous entraîner par des paroles charlatanesques.

Tout cela, les lecteurs peuvent le lire eux-mêmes sur les photographies des documents authentiques.

Et nous ne citons pas tout.

A toutes les accusations formulées par nous et niées par M. Aimel, nous ajoutons :

Les preuves sont exposées allées de Tourny, n° 2.

Avant d'aller aux urnes, allez les consulter !

—

M. Aimel a dit vendredi au meeting de l'Alhambra :

« Si mes accusateurs font la preuve des faits cités, je me considérerai comme flétri. »

La preuve est publiquement exposée, allées de Tourny, 2.

(L'*Express*, 6 octobre.)

—

## Les grossièretés de M. Aimelafille.

Entre ces divers actes, une campagne de la dernière violence, uniquement faite de grossièretés, de diffamations, était menée dans la *France* et dans la *Victoire* par M. Aimelafille, qui espérait ainsi supprimer les incidents dont il était l'objet en portant le débat sur des questions personnelles visant des tiers.

L'*Express* et ceux de ses amis qui pouvaient être visés par les injures de M. Aimelafille répondirent à ce sujet par un méprisant silence.

« Bouche-d'Egout », comme l'appelait la *Gironde* en lui rappelant « ses dix années de diffamation » et « son flot intarissable de grossièretés, d'injures et de calomnies », Bouche-d'Egout perdit sa peine et son temps.

L'*Express* déjoua toutes ses finasseries. Il resta indifférent à tout ce qui ne se rapportait pas — soit pour, soit contre — à ses accusations contre M. Aimelafille et il laissa ce dernier cracher en l'air.

L'élection du député boulangiste ne modifie pas cette situation.

A toutes les violences dont M. Aimelafille lâche le réservoir, l'*Express* répond avec calme par de nouvelles mises en demeure.

On tient le renard par les oreilles, on ne veut pas le laisser échapper.

Lisez plutôt :

Si M. Aimelafille a été réellement la victime « d'ignobles diffamateurs », il doit se hâter de les faire poursuivre et condamner. (*Express*, 11 octobre 1889.)

Nous savons de source certaine que M. Aimelafille, ensablé jusqu'au menton dans ses menaces trop risquées de procès, cherche partout un trou pour s'échapper.

Halte-là !

Rien ne nous fera perdre la bonne route.

Nous avons été trop écœurés de ces mensonges auxquels l'honnêteté confiante des électeurs s'est laissé prendre.

Nous voulons que la journée des dupes, l'élection du 6 octobre, ait pour M. Aimelafille le revers de la médaille.

Pour cela, il faut que tous les faits que nous avons avancés soient judiciairement déclarés vrais.

Nous y tenons ; parce que ce sera l'affirmation de notre campagne loyale, sincère, vraie.

Nous y tenons ; parce que ce sera la démonstration éclatante, publique, que M. Aimel s'est joué de ses électeurs, a pris leur confiance pour de la sottise et leur enthousiasme révisionniste pour de l'attachement à sa personne. (*L'Express*, 12 octobre.)

---

## M. Aimelafille et ses électeurs.

Des électeurs de M. Aimelafille doivent eux-mêmes se laisser convaincre. M. Séverin Achérité, président du Syndicat des ouvriers du Port, ex-président des comités radicaux, propose à M. Aimelafille l'organisation d'une réunion privée des électeurs radicaux des 3e et 4e cantons, où l'on inviterait « les accusateurs du député à venir y faire la preuve de leurs accusations » et où « M. Aimelafille défendrait son honneur politique ». Le citoyen Séverin Achérité explique que la gravité des accusations portées contre M. Aimelafille exige « une solution prompte », sans qu'elle supprime, bien entendu, le procès en cours.

*L'Express*, répond :

« Nous acceptons, sans restriction, l'offre du citoyen Achérité.

« Nous sommes prêts à faire devant des électeurs impartiaux plus désireux de lumière que de tapage, la preuve des accusations portées par l'*Express* contre M. Aimelafille. »

(*L'Express*, 13 octobre).

M. Aimelafille, lui, répond à M. Achérité qu'il... refuse.

La *Gironde* constate que sa lettre est une *pantalonnade*.

M. Achérité renouvelle son invitation dans une nouvelle lettre ; M. Henri Marchet, ancien secrétaire des comités radicaux, se joint à son ami : cette fois, M. Aimelafille répond en traitant l'un et l'autre de « vendus ».

L'injure tombait mal. M. Achérité et M. Marchet sont, tous les deux, d'honorables chefs de famille en même temps que des travailleurs laborieux et intelligents : ils prennent parfois, sur le repos de leurs soirées ou dimanches, des heures qu'ils consacrent à la défense de leurs convictions républicaines, mais ils n'ont jamais rien demandé à la politique et jouissent dans leur vie privée ou publique de l'estime et de la considération générales.

Donc, partout et toujours, à l'égard de tous, M. Aimelafille pratique le même système : le mensonge, le subterfuge, la fuite, la grossièreté.

## Engagements imprudents.

Ces accès de rage ont cependant un côté utile : ils arrachent à la bouche de M. Aimelafille ou à sa plume plusieurs déclarations très imprudentes pour lui, mais très utiles pour l'*Express*.

De nombreux articles ou lettres signés, soit par le candidat, soit par le député, renouvellent, soit en propres termes, soit en substance, l'engagement pris à la réunion de l'Alhambra, dans le texte de l'assignation et sur l'affiche « A mes diffamateurs ! » collée sur tous les murs et insérée dans la *France* et dans la *Victoire*.

D'après cet engagement :

**M. Aimelafille, appelant ses accusateurs devant la justice, choisit le Tribunal Civil, parce que la preuve y est admise ;**

**M. Aimelafille laisse à ses accusateurs la liberté pleine et entière de faire, par documents et témoignages, LA PREUVE des faits énoncés contre lui.**

**Si cette preuve est faite, M. Aimelafille S'ENGAGE SUR L'HONNEUR à donner sa DÉMISSION DE DÉPUTÉ.**

Cette déclaration était précieuse.

L'*Express* l'a retenue fidèlement. Et il n'a voulu retenir qu'elle, dédaignant tout à fait les accès d'hystérie injurieuse que les vérités de ce journal provoquèrent de la part de M. Aimelafille.

En vertu de cette autorisation donnée publiquement, de vive voix, par affiches, par journaux, confirmée par des actes judiciaires, l'*Express* a fait la preuve, non pas seulement des deux accusations retenues par M. Aimelafille, mais des cinq accusations qu'il a portées.

Et ce dilemne s'impose aujourd'hui à M. Aimelafille :

Ou de violer son engagement d'honneur.

Ou de donner sa démission de député.

---

## Étrange réserve de M. Aimelafille.

Au cours de ce rapide exposé, nous avons relaté tous les incidents du débat survenu entre M. Aimelafille et le journal *l'Express*.

La situation peut se résumer en cette double attitude :

D'un côté, des accusations catégoriques sont lancées par l'*Express*, qui offre à M. Aimelafille tous les moyens de se disculper sans délai ;

De l'autre côté, M. Aimelafille fuit sans cesse, s'échappe

comme une anguille, soit par des mensonges, soit par des grossièretés.

Mais, dans sa fuite, il jette involontairement des armes contre lui-même.

Sa déclaration à l'Alhambra, son affiche : « A mes diffamateurs ! » son assignation, le mettent dans l'obligation de poursuivre.

Néanmoins, dans les poursuites que ses manœuvres électorales le forcent à intenter, il se montre plus que prudent.

Il se garde bien de relever en bloc les accusations de l'*Express*, qui sont cependant aussi graves les unes que les autres et dont le développement s'enchaîne et forme un tout.

Il n'en relève que deux :

Le projet de la vente à M. Wilson.

La demande de la décoration à M. Goblet.

Il en oublie trois :

La demande de places et subsides à MM. Clémenceau et Lockroy.

La trahison du parti radical en faveur du boulangisme.

La vente de son journal et de sa plume à M. Charles Lalou, — vente préméditée et activée par des attaques contre le directeur de la *France*.

Mais il serait cruel d'insister sur cette étrange réserve de M. Aimelafille qui réclame à grands cris toute la lumière... devant le Tribunal Civil — pour échapper aux électeurs — et qui, s'adressant aux magistrats, laissait prudemment dans l'ombre les TROIS CINQUIÈMES des prétendues diffamations.

Nous tenons cependant pour notre part à indiquer les motifs de cette réserve.

Pour la comprendre et la trouver naturelle, il suffit de parcourir les documents que nous publions plus loin.

Même isolés du reste du dossier, ils n'en contiennent pas moins en eux-mêmes la démonstration, point par point, de toutes les accusations que l'*Express* a lancées contre M. Aimelafille et dont il a renouvelé la preuve devant les juges de la première Chambre du Tribunal Civil, à l'audience du 12 février.

Nous les dédions aux électeurs de M. Aimelafille, à ceux qui se sont laissé duper par ses déclarations solennelles, à ceux devant qui il a pris l'engagement de donner sa démission de député, si l'*Express* faisait la preuve des faits avancés.

Qu'ils lisent et qu'ils jugent si la démission de M. Aimelafille ne s'impose pas catégoriquement comme la conséquence des engagements formels qu'il a pris, comme résultante inévitable de nos explications, de nos preuves et de sa condamnation écrasante par le Tribunal Civil.

---

## DEUXIÈME PARTIE

# LES ACCUSATIONS — LES PREUVES

## Quelques explications préalables.

### Les commanditaires de M. Aimelafille.

Et maintenant, voyons ces preuves écrites que M. Aimelafille redoutait tellement qu'il n'a pas autorisé son comité à en prendre connaissance et, qu'après avoir refusé l'arbitrage tout intime de ses propres amis politiques, des patrons de sa candidature, il a également refusé, après l'élection, de venir, sur l'invitation du citoyen Achérité, s'expliquer dans une réunion privée.

Ah ! c'est que M. Aimelafille a dans ses polémiques toutes les audaces et toutes les impudences : il injurie, il calomnie avec l'aisance d'un fils de Loyola ; mais, devant le danger, lorsqu'il se sent pris dans ses propres infamies, ce personnage, aussi visqueux que bilieux, cherche à s'échapper et, reculant, il essaie de masquer sa retraite sous les débordements de diffamations perfides, d'insinuations jésuitiques, bavant le fiel et le venin au lieu de fournir la moindre explication.

Mais aujourd'hui, c'est bien fini. Il peut se débattre et chercher à mordre. Nous ne lâchons pas prise. Il a beau se tordre dans une rage impuissante. Nous ne l'avons pas laissé glisser. Morte la bête, mort le venin !

D'abord, un mot pour expliquer les correspondances échangées que nous trouverons plus loin.

M. Aimelafille était, on le sait, le principal propriétaire et le directeur politique du journal *la Victoire*. Il avait, jusqu'en 1887, comme collaborateur, M. Gilbert-Martin, jadis propriétaire du *Don Quichotte*, passé aux mains de M. Lalou (1). M. Gilbert-Martin avait à la *Victoire* une situation des plus effacées, bornant sa collaboration à des comptes-rendus de théâtres.

M. Aimelafille était le seul et l'unique maître du journal, autrefois radical, la *Victoire*, actuellement boulangiste.

A un moment donné — pour le lancement du *Petit Bordelais*, journal qui, à côté de la *Victoire* radicale, destinée à la ville, devait donner pour la campagne la note opportuniste, toujours sous la direction et rédaction en chef de M. Aimelafille, — ce dernier avait pris comme commanditaire M. Méran, avocat, maire d'Arcachon, plus tard, grâce à M. Clémenceau, directeur des Postes et Télégraphes sous le ministère Granet, puis, mis à pied lors de la chute de ce ministère, et actuellement collaborateur de la *Justice*, malgré la radiation définitive de son ancien associé M. Aimelafille des cadres républicains.

A côté de M. Méran était un autre commanditaire, que nous ne croyons pas devoir citer, puisque son nom n'a rien à voir dans cette affaire : disons cependant qu'ayant depuis longtemps rompu avec M. Aimelafille, il vient de plaider et de gagner contre lui un gros procès en restitution de sommes avancées par lui et que M. Aimelafille prétendait avoir le droit de ne pas rendre.

Ces commanditaires, sans aucune action sur la ligne politique des journaux *la Victoire* et *le Petit Bordelais*, n'avaient tout au plus que voix consultative au sujet des intérêts matériels de ces feuilles.

---

## L'administration de la « Victoire ».

M. Aimelafille avait pris à côté de lui pour la partie administrative un de ses parents, M. Jacquinot. C'était son employé. Il lui servait de secrétaire et était utilisé pour les

(1) En même temps que la *Victoire* et le *Petit Bordelais*, mais par un traité spécial, le *Don Quichotte* est devenu la propriété de M. Lalou. M. Gilbert-Martin en a conservé la rédaction en chef moyennant les appointements de 250 francs par mois et une part dans les bénéfices. En outre, le *Don Quichotte* a été transporté à Paris, dans l'hôtel même de la *France*. Tout le monde a pu voir à toutes les vitrines des kiosques les fluctuations multiples subies par le *Don Quichotte* depuis son passage aux mains de M. Lalou. Qui ne se souvient, entr'autres dessins, de celui qui représente Boulanger sous les traits d'un Bonaparte crapuleux, ou bien encore de Boulanger misérablement perché sur son rocher de Jersey, ou bien encore de la parodie des photographies du *Figaro*. Et dans l'intervalle de ces charges à fond de train contre le boulangisme, le *Don Quichotte* crayonnait avec la même verve en faveur des amis du général. Il est vrai que M. Gilbert-Martin n'ayant rien à refuser à M. Lalou — pour différentes causes — ne peut que suivre docilement les indications mouvantes de son propriétaire.

diverses affaires où le journaliste ne pouvait directement paraître. M. Jacquinot ne touchait — et n'avait jamais touché — ni de près, ni de loin, au journalisme; mais c'était un agent d'affaires habile, ayant fait le commerce de terrains et dirigé à Bourg-en-Bresse (Ain) la Société anonyme de Bel-Air (capital : un million). Quelques difficultés lui ayant fait quitter cette situation, il vint occuper celle d'administrateur à la *Victoire*. Il était devenu le mandataire, le confident de M. Aimelafille à raison de tant par mois. Les démarches qu'il faisait ou les lettres qu'il écrivait étaient faites sous le contrôle et les indications de M. Aimelafille. Ce dernier fournissait les copies à faire ou corrigeait les brouillons que son employé lui présentait. Les lettres qu'il envoyait étaient donc naturellement écrites pour le compte de M. Aimelafille; de même les lettres qui, par hasard, pouvaient être adressées à M. Jacquinot — parent et confident, nous l'avons dit plus haut — étaient en réalité pour M. Aimelafille, qui seul dépouillait le courrier.

Ce n'est pas sans regret que nous mêlons à ces explications préliminaires le nom de M. Jacquinot, dont la correction rare et la courtoisie parfaite sont appréciées de tous. C'est uniquement dans le but de le dégager d'une responsabilité qui ne lui incombe pas et qu'il aurait peut-être acceptée quand même pour décharger M. Aimelafille.

M. Aimelafille s'était seul chargé de jouer de la grosse caisse politique pour son entreprise; mais l'autre caisse, celle des gros sous, sonnait terriblement creux. Et c'est pour arriver à remplir cette dernière qu'il frappa à toutes les portes, depuis celle de Wilson jusqu'à celles de Clémenceau et de Goblet pour finir chez M. Charles Lalou.

---

### La correspondance.

Cette pitoyable odyssée d'un homme se posant comme le chef du parti radical bordelais et se livrant à toutes les palinodies pour assouvir son ambition et se procurer de l'argent, donna lieu à un échange de lettres entre M. Méran, commanditaire du journal et son correspondant parisien, et M. Aimelafille ou M. Jacquinot, l'employé chargé d'exécuter ses ordres administratifs.

Ces lettres étaient communiquées aux divers intéressés, les nombreux bailleurs de fonds ou associés de l'entreprise, avant d'être finalement mises au panier.

A force de se promener de poche en poche, de passer de main en main, il dut arriver qu'un beau jour de soleil, un amateur d'autographes — sans doute — eut la curiosité de considérer pendant quelques secondes, certaines de ces lettres, au travers de l'objectif d'un appareil photographique.

Et l'image de ces caractères, qui n'eût laissé sur la rétine de l'œil humain qu'une impression si fugitive, se trouva fixée sur la plaque de la chambre noire.

C'est ainsi, nous nous l'imaginons, que les choses ont dû se passer, à une époque où tout le monde est plus ou moins photographe et possède son *Instantané* au même titre que des jumelles pour le spectacle.

Voilà tout le mystère expliqué !

---

## Comment et pourquoi l'« Express » a publié les documents photographiques.

Quoi qu'il en soit, la lutte électorale était engagée à Bordeaux. Les réunions publiques et les journaux étaient l'écho des injures et des violences. L'audace boulangiste révoltait tous les républicains. M. Aimelafille, rédacteur de la *France* et de la *Victoire*, candidat en chef du Boulangisme à Bordeaux, était accusé de trahison envers la République et renié par tous ses anciens amis politiques... On était à la veille des élections. Les passions étaient déchaînées...

Un paquet de photographies tomba dans la boite de l'*Express*.

Ces photographies reproduisaient des lettres si édifiantes, si monstrueuses d'audace et de cynisme, qu'il n'y avait pas à hésiter un instant. Il était du devoir de tout républicain de démasquer le candidat qui devait compte aux électeurs de sa conduite politique. Car la publication de ces lettres, toutes relatives à la vie politique de M. Aimelafille, attaquait seulement l'homme politique, justiciable des électeurs. L'homme privé, nous ne voulons pas nous en occuper.

L'*Express* offrit d'abord de vider cette querelle pour ainsi dire à huis clos, entre les membres du comité de M. Aimelafille, auxquels celui-ci fournirait des explications. Le candidat boulangiste eut peur et se déroba ; on l'a déjà vu.

Les documents furent alors mis par l'*Express* à la disposition du corps électoral. Tout le monde, dans ses bureaux, a pu les voir, les toucher, en prendre copie.

De plus, ces lettres ont été affichées publiquement, en vitrine, auprès du Café de Bordeaux, allées de Tourny, n° 2, où, pendant deux jours, jusqu'à une heure du matin, une foule énorme n'a cessé de stationner pour les voir.

Ces lettres ont été vues et lues par tous. Chacun a pu en prendre copie. Elles sont donc du domaine public. Mais il n'est pas sans intérêt de les relire, groupées dans un ordre naturel, à l'appui de chacun des faits qui ont été articulés par le journal *l'Express*.

Sur cinq questions ou accusations, M. Aimelafille n'en retient que deux : celles qui, sans doute, lui ont paru le plus faciles à défendre.

Il avoue les trois autres.

Mais, comme il existe entre tous les actes qui ont conduit M. Aimelafille au boulangisme un enchaînement impossible à rompre, nous sommes obligés de fournir les preuves qui sont les transitions forcées de la « vente à M. Wilson », aux « places et subsides réclamés à MM. Clémenceau et Lockroy », à « la décoration mendiée au ministre Goblet », à « la trahison de ses anciens amis radicaux au profit du boulangisme », pour le voir arriver enfin à décrocher, non sans efforts, la misérable vente à M. Charles Lalou, malhonnêtement attiré et reçu comme un sauveur.

---

# PREMIÈRE QUESTION

## L'affaire Wilson. — Un des 22,000 dossiers.

### ACCUSATION

*M. Aimel, après avoir attaqué le tripoteur Wilson dans son journal, n'est-il pas entré en relations avec lui, n'a-t-il pas mis sa main dans sa main et tenté à diverses reprises de lui vendre sa plume?*

### EXPOSÉ DES PREUVES

**Les attaques de la « Victoire » contre M. Wilson en 1882.**

Les premières attaques parues dans la *Victoire* contre M. Wilson remontent loin.

Dès 1882, au moment où il affranchit lescirculaires de son journal *la Petite France* en se servant du sceau de la présidence, la *Victoire* cria au scandale, critiquant d'une façon acerbe « Monsieur Gendre ».

Plus tard, dans un article du 21 septembre 1883, toujours à propos de la *Petite France*, on lisait :

### AVANCE CONSIDÉRABLE

C'est que ce journal est l'organe de M. Wilson (Daniel pour sa femme), gendre de M. Grévy, directeur *in partibus* de l'Elysée et président de la République en chambre nuptiale. Depuis que M. Wilson a épousé M<sup>lle</sup> Grévy, il a pris des allures agaçantes au dernier chef, encombrant les affaires publiques de sa personne, furetant dans les secrets du Conseil, ouvrant les tiroirs des ministères, chaussant à tout propos les pantoufles de son beau-père, posant pour le Dauphin et trouvant en plus d'une occasion le moyen de compromettre le premier magistrat du pays dont la correction est proverbiale.

M. Grévy avait échappé aux critiques de tous les partis républicains jusqu'au jour où il entreprit d'avoir des petits enfants. Du centre gauche à l'intransigence, chacun gardait vis-à-vis de lui une attitude pleine de déférence et de respect. Aujourd'hui, il n'en est plus tout à fait ainsi. La trêve, sans être rompue, commence à craquer. On ne dissimule plus un mécontentement qui rejaillit sur le chef de l'Etat.

Les façons turbulentes et brouillonnes du gendre ont opéré ce changement. M. Wilson joue à l'Elysée le rôle d'Egérie tracassière dont on est absolument las.

Le Dauphin éprouvant le besoin d'avoir un organe spécialement à lui, créa l'an dernier la *Petite France*, à Tours. On se souvient de la désinvolture avec laquelle il employa le sceau de la présidence pour affranchir ses circulaires du droit postal et leur donner une couleur officielle. Ce fut un assez joli scandale.

M. Wilson, trop pénétré de son importance pour s'en tenir au tolle général que souleva cet abus de gendrerie, continua de plus belle à jouer du beau-père et à se prélasser comme chez soi dans les appartements de la République, en veston d'intérieur, les pieds sur la cheminée.

Quelques jours auparavant, le 19 août 1883, M. Aimelafille, dans son article de tête, écrivait :

Certes, je conviens que l'honneur des mandataires du suffrage universel ne devrait pas être suspecté, mais il serait nécessaire pour cela que leur conduite politique et même leur conduite privée fussent à l'abri de toutes les promiscuités louches, de tous les agissements équivoques, de toutes les interprétations douteuses. Il faudrait encore qu'entre les hommes politiques et les agents d'affaires il y eut un infranchissable abîme. Il faudrait que la Bourse ne fût pas une succursale occulte — trop souvent fréquentée — du Palais-Bourbon. Henri AIMEL.

C'est que M. Henri Aimelafille n'entend pas raillerie en matière de mœurs politiques ou privées. C'est un pur. Ce n'est pas lui assurément qui mêlerait les affaires à la politique. Nouveau Caton, il n'a jamais cessé, dans son austérité, de prodiguer l'anathème aux uns et de jeter le cri d'alarme aux autres :

« Effrayé, disait-il, de voir les grandes affaires de la politique glisser de plus en plus dans la politique louche des affaires... »

Cependant, M. Aimelafille connaissait parfaitement les agissements de « Monsieur Gendre ». Il n'en a pas moins tenté de lui vendre sa plume et de se mettre à ses gages, quoique les rapports de M. Wilson avec les agents d'affaires fussent notoires et que, plus que tout autre, il eût « laissé glisser les grandes affaires de la politique dans la politique louche des affaires ».

---

**Premiers essais d'entente avec M. Wilson.**

En effet, dès le mois d'août 1884, M. Aimelafille nourrissait le projet de « s'entendre financièrement » avec M. Wilson.

Et. dès ce moment, il s'appliquait à « prévoir et ménager cette éventualité ».

Voici ce qu'il écrivait à ce sujet :

LA VICTOIRE
DE LA DÉMOCRATIE
Journal politique quotidien.
BUREAUX
11, Rue Cabirol, 11
BORDEAUX
—
ADMINISTRATION

Bordeaux, le 21 août 1881.

Mon cher ami,

Nous avons eu hier une entrevue décisive avec M. Achard, député de Bordeaux. Nous y avons appris que la combinaison de nos concurrents avec Wilson, gendre de Grévy, était condamnée ; Wilson mettant pour condition formelle à son concours l'entente préalable avec la *Victoire*. Le terrain est donc nettoyé de ce côté, et nous allons maintenant nous assurer de l'appui moral des conseillers généraux. Achard va s'y employer activement. A ce point de vue, tout va donc bien.

J'ai parlé de la clause qui avait soulevé vos objections et les miennes. Il était difficile de baser le tant pour cent à prélever pour la *Victoire* proportionnellement sur le préjudice subi par ce journal.

La constatation de ce préjudice serait en effet extrêmement délicate, car la décision basée dans le tirage ne suffirait pas pour fixer ce préjudice; il faudrait aussi pouvoir constater la diminution des annonces et, dans cette diminution, démêler la part d'influence due au *Petit Bordelais*. Vous voyez que l'opération serait assez malaisée ; aussi pensons-nous, pour trancher toute difficulté et éviter des complications de comptabilité et de contrôle qui pourraient susciter des désaccords, établir un tant pour cent, fixé à forfait, représentant à la fois et le préjudice actuel porté à la *Victoire* et l'apport d'influence des éléments principaux d'organisation faits par les fondateurs Gambier et C^{ie}. Ce forfait serait, croyons-nous, équitablement taxé à 20 0/0 sur le bénéfice. Je pense que vous trouverez comme nous la question ainsi réglée d'une manière correcte.

Nous avons, avec des hommes du métier, notre prote entre autres, dressé le devis du numéro du prochain journal. Tous frais comptés, rédaction, administration, papier, tirage, imprévu, nous pouvons garantir d'une manière absolue que le journal couvrira à 14,000. Bien entendu, les annonces seraient en pur bénéfice. Si l'on augmentait le format à la taille de la *Petite Gironde*, il faudrait aller jusqu'à 16,000 pour couvrir.

D'après ce que M. Achard vous a dit, Wilson, en entrant dans la combinaison concurrente, n'avait en vue qu'une affaire. La combinaison avortée, Wilson rentre dans l'expectative et, grâce aux relations étroites qui le lient avec Achard, se trouvera être pour nous, le cas échéant, un homme avec qui *financièrement* on pourra s'entendre, le jour où nous voudrons convertir l'entreprise. Ceci est dans les choses futures, mais c'est une éventualité qu'il faut prévoir et ménager.

Voilà, mon cher ami. Nous attendons votre décision avec

impatience. Pour moi, personnellement, je vous répète que je considère votre concours comme extrêmement utile et je serais véritablement peiné qu'il nous échappât.

J'espère donc une prochaine et bonne réponse, et c'est pourquoi je vous dis : A bientôt ! Henri AIMEL.

Ces « relations étroites » qui, d'après M. Aimelafille, liaient M. Achard à M. Wilson, étaient pure invention de sa part pour décider la personne à laquelle il écrivait de s'associer avec lui pour la création du *Petit Bordelais*, journal opportuniste, qu'il voulait lancer, à côté de la *Victoire* radicale, pour faire concurrence à la *Petite Gironde* dans la région.

C'est, du reste, à dater de cette époque qu'ont commencé les tripotages variés, politiques et autres, du rédacteur en chef de la *Victoire*.

---

## Les négociations avec M. Wilson.

Six mois ne sont pas écoulés que déjà « l'éventualité d'une entente avec Wilson » est entrée dans le domaine de la réalité. Les négociations préliminaires ont marché grand train ainsi que le témoigne la lettre suivante :

**LE PETIT BORDELAIS**

JOURNAL POLITIQUE QUOTIDIEN TÉLÉGRAPHIQUE PARAISSANT LE MATIN
26, Cours de Tourny, 26.

Bordeaux, 23 janvier.

Monsieur Laffont,

Lorsque nous avons eu l'honneur de nous entretenir avec M. Wilson, je lui ai demandé comme un service personnel de vouloir bien envoyer dans le courant de la semaine prochaine (aujourd'hui écoulée) les mandataires désignés par lui pour estimer et vérifier les apports de nos journaux et de notre imprimerie.

Je m'étais permis d'insister sur ce point, obligé que je suis de me rendre à Lyon dans les premiers jours de février, pour y opérer mon déménagement et conduire ma famille à Bordeaux et obligé aussi de rester à Bordeaux jusqu'au moment de votre visite

Soyez donc assez bon pour soumettre à nouveau cette situation à M. Wilson en le priant d'envoyer ses représentants lundi prochain 26 courant.

Je vais pousser mon indiscrétion jusqu'à vous demander à vous, Monsieur Laffont, de vouloir être assez bon pour m'adresser une dépêche télégraphique afin que je puisse prendre les dispositions nouvelles que m'impose le retard de votre visite.

Veuillez agréer, Monsieur, avec mes remercîments, l'assurance de ma considération très distinguée. JACQUINOT.

Cette lettre est écrite pour le compte de M. Aimelafille par M. Jacquinot, son employé et parent à tant par mois. Les journaux dont il est question d'évaluer l'apport dans une association Wilson étaient la *Victoire* et le *Petit Bordelais*, journaux de nuances opposées, mais dont M. Aimelafille était le rédacteur en chef et le directeur politique.

Voici une autre lettre adressée également par le même M. Jacquinot, toujours pour le compte de M. Aimelafille, à M. Laffont, secrétaire de M. Wilson, et — détail à noter — le brouillon de cette lettre porte les ratures et corrections de la main même de M. Aimelafille (les mots en italiques sont ceux raturés par M. Aimelafille; les mots en petites capitales sont ceux adjoints par lui) :

Bordeaux, le 4 février 1885.

Monsieur Laffont,

J'ai reçu votre lettre du 21 écoulé en m'annonçant que,
retardé par l'imprimeur qui doit vous accompagner, vous
APPELÉ DANS MA FA-
ne viendriez à Bordeaux que le 11 février. *Je me suis de suite*
MILLE, JE ME SUIS ARRÊTÉ A
*rendu chez vous en passant par Paris* pour vous demander
MAIS LE PEU DE TEMPS DONT JE DISPOSAIS
divers renseignements. *Le temps d'arrêt ne* m'a pas
AUX S AUXQUELLES
permis de me présenter chez vous *à une heure où vous êtes*
VOUS RECEVEZ.
*visible*.

Depuis que je suis ici, je pousse mes préparatifs de départ sans avance comme je le désirerais. Je viens donc vous demander si, sans retarder les décisions qui doivent être prises pour les journaux *la Petite France*, *la Victoire* et *le Petit Bordelais*, vous pourrez remettre votre visite à Bordeaux au 19 ou 20 courant *seulement*.

Je ne réclame ce changement dans les dates que vous nous avez récemment fixées qu'autant que l'Assemblée générale, qui doit avoir lieu à Tours le 15 ou le 16 courant, pourra, avec la même facilité, statuer sur les affaires qui intéressent.

Veuillez agréer, Monsieur, l'assurance de ma parfaite considération.

Mon adresse : F. JACQUINOT,
Directeur du *Petit Bordelais*, quartier Bel-Air, Bourg-en-Bresse.

Cette lettre montre comment les choses se passaient et quelle était la part de M. Aimelafille dans cette correspondance : il la dictait, la corrigeait et, pour la forme, la faisait signer par l'employé qui lui servait d'administrateur.

Mais Wilson et son secrétaire ne se montraient pas pressés de répondre, et à Bordeaux M. Aimelafille était inquiet de ce silence. Il espérait toujours voir arriver les délégués de M. Wilson le 11 ou le 12 février, mais il envoyait son parent, M. Jacquinot, voir à Paris le gendre de M. Grévy pour être certain du jour de l'arrivée.

En attendant, M. Aimelafille installait une « dizaine de crieurs payés pour faire sérieusement la ville, estimant qu'il était de toute nécessité que le *Petit Bordelais* fût crié dans les rues et devant les théâtres, surtout au moment de la visite des délégués parisiens ».

Les envoyés de M. Wilson vinrent, en effet, à Bordeaux, mais seulement dans les premiers jours de mars. Il y avait M. Laffont, son secrétaire particulier, et l'imprimeur de la *Petite France*, de Tours.

---

### La préparation du traité de vente.

Pour attendre ces délégués, il avait fallu se livrer aux expédients, afin de soutenir cette création du *Petit Bordelais*, qui était une opération désastreuse, absorbant sans profit 1,000 francs par jour, pendant cette période de lancement. Aussi ne ménageait-on rien pour faire aboutir l'affaire Wilson. On préparait des notes pour la rédaction du traité futur.

**LE PETIT BORDELAIS**
JOURNAL POLITIQUE QUOTIDIEN TÉLÉGRAPHIQUE PARAISSANT LE MATIN
26, Cours de Tourny, 26

Note pour la rédaction du traité qui doit servir à garantir les apporteurs du journal *la Victoire* et de son imprimerie.

1° Dire que le journal *la Victoire* a toujours été la base des combinaisons antérieures lors de tentatives de création de journaux. Ce journal, disposant de plusieurs milliers de lecteurs très assidus, représente un capital sérieux par son revenu quotidien. Dire que son imprimerie, ou, tout au moins son installation, constitue un capital non moins réel.

2° Que M. Wilson, lors d'une combinaison ayant pour but la création d'un journal à Bordeaux, avait mis comme conditions de son adhésion « une entente préalable avec la *Victoire* ». M. Wilson agissait fort judicieusement et d'une façon raisonnée puisqu'aujourd'hui nous reconnaissons, soit par l'expérience faite avec le *Petit Bordelais*, soit de l'*avou* (*sic*) de M. Wilson lui-même, *que un* (*sic*) nouveau journal demande au moins un sacrifice d'une somme de 200,000 francs avant que l'on puisse sans perte équilibrer les recettes et les dépenses, étant donnée l'*expériance* (*sic*) faite pendant le mois de décembre 1881.

Aujourd'hui, la position semble s'être modifié (*sic*) et demande des sacrifices moins grands, si l'on sait conduire à bien les propositions de Paris. Pour réussir et mener à bien la seule combinaison qui puisse sauvegarder les intérêts de chacun, il faut : 1° Satisfaire de toutes les sommes dues par le *Petit Bordelais* jusqu'au jour où il sera pris en charge par la Société de Tours.

Avec le concours d'un capitaliste, garantir aux propriétaires de la *Victoire* et de son imprimerie la presque totalité des fonds qu'ils ont depuis longtemps mis dans ce journal.

## Les cent mille francs de M. Méran.

En même temps, on rédigeait un projet de convention pour céder (!) à M. Méran les actions que l'on devait recevoir en paiement de la Société de Tours. Voici les termes de cette convention :

**LE PETIT BORDELAIS**
JOURNAL POLITIQUE QUOTIDIEN TÉLÉGRAPHIQUE PARAISSANT LE MATIN
26, Cours de Tourny, 26

M. Méran achète à livrer (les actions seraient livrées lors de leur remise par la Société à constituer) 120 actions de 500 francs entièrement libérées de la Société de la « Presse indépendante de l'Ouest et du Sud-Ouest ». Cette vente est consentie moyennant la somme de 60,000 francs, payable en deux années et de la façon suivante : 1° 15,000 francs six mois après l'assemblée générale constitutive de Société ; 2° 15,000 francs un an après la même assemblée; 3° 15,000 francs dix-huit mois après cette même date d'assemblée générale ; 4° les 15,000 francs derniers, deux années après l'assemblée.

En plus des 120 actions présentement vendues, M. Méran recevra 80 autres actions en échange de l'abandon qu'il fait aux apporteurs de tous ses droits dans le *Petit Bordelais* et la *Victoire.*

MM. X.., apporteurs, reconnaissent avoir reçu la somme de 60,000 francs et s'engagent à livrer dans l'espace de trois mois au plus à partir de ce jour les 200 actions entièrement libérées qu'ils doivent à M. Méran.

Ce qui revient à dire que les premiers versements de M. Méran s'élevaient à 40,000 francs, en échange desquels on lui remettait 80 actions de 500 francs, puis, qu'on s'empressait de lui céder 120 autres actions de 500 francs contre 60,000 francs en espèces à verser. On « emballait » donc dans cette combinaison M. Méran pour *cent mille francs*, ce qui est un joli chiffre.

On voit qu'on traitait les affaires dans l'entreprise Aimelafille d'une façon dégagée qui n'est pas ordinaire.

Ce premier projet de convention fut bientôt suivi d'un second, dans lequel on passait toujours les 120 actions à M. Méran, non plus pour 60,000 francs mais pour 55,000. La première proposition avait paru trop raide. On l'adoucissait par une petite bonification de 5,000 francs.

Comme on s'empressait de vouloir se débarrasser, avant même de les avoir reçues, des actions Wilson, qui, du reste, n'étaient pas négociables en Bourse !

En échange de ses cent mille francs, quel bon billet on donnait à M. Méran !

Peut-être a-t-il versé, depuis, cette somme ou même une plus forte sans rien recevoir en échange ?

Ces différentes notes et conventions sont écrites de la main de M. Jacquinot, employé de M. Aimelafille. Elles sont émaillées de fautes d'orthographe et d'incorrections qui sont une signature.

M. Aimelafille est un ex-notaire, il est vrai, mais il semble que la rédaction de ces documents révèle la collaboration d'un agent d'affaires entreprenant.

---

### Les délégués de M. Wilson à Bordeaux.

Les délégués sont à Bordeaux. M. Aimelafille prépare aussitôt des projets de Statuts dans lesquels il dit que les directeurs ou administrateurs des journaux de Bordeaux ne seront pas soumis à la nomination par l'Assemblée générale de Tours. Et, pendant ce temps-là, on promène, on héberge les délégués de M. Wilson. M. Aimelafille les conduit chez Nicolet, le célèbre restaurateur de la rue du Pont-de-la-Mousque, et M. Aimelafille supplie M. Laffont de « faire aboutir l'affaire ».

Les témoins ne manquaient pas. Et les vins réchauffaient les enthousiasmes.

Voici le résumé des arrangements provisoires auxquels on s'était arrêté, après discussion :

**LE PETIT BORDELAIS**

JOURNAL POLITIQUE QUOTIDIEN TÉLÉGRAPHIQUE PARAISSANT LE MATIN

26, Cours de Tourny, 26.

Bordeaux, le 18

Sur les notes prises par M. Laffont, les 5, 6 et 7 mars 1885, on nous donnerait 500 actions.

| | | |
|---|---|---|
| M. Méran recevrait.......................... | 200 | Actions. |
| M. Mauriac, à la condition qu'il verserait ses cinq mille francs, pour satisfaire au versement du premier quart.......................... | 10 | — |
| Les actions non libérées et à faire souscrire... | 120 | — |
| 80 actions seraient données aux apporteurs de la *Victoire* et de l'imprimerie.................. | 80 | — |
| 50 actions resteraient à placer pour faire face aux paiement *(sic)* du *Petit Bordelais*.......... | 50 | — |
| Total.... | 490 | — |

| | | |
|---|---|---|
| La *Victoire* serait apportée pour 150,000 fr. avec son imprimerie.......................soit | 300 | Actions. |
| Le *Petit Bordelais* pour 60,000 fr.........soit | 120 | — |
| Dix actions à chacun des fondateurs, 70 actions | 70 | — |
| Total.... | 490 | — |

Pour compléter les 500 actions dont il est parlé en tête du document, il restait *dix* actions gracieusement réservées à M. Laffont pour l'encourager à *chauffer* auprès de M. Wilson la conclusion de cette avantageuse affaire.

Si l'on voit M. Méran figurer pour 200 actions, c'est qu'il était le prête-nom de M. Aimelafille. Ce dernier ne pouvait *officiellement* apporter dans un traité le *Petit Bordelais opportuniste*, alors qu'il était le directeur et rédacteur en chef de la *Victoire radicale*, et qu'à ce même moment il soutenait contre la *Gironde* des polémiques où il niait, avec son effronterie ordinaire, être pour quoi que ce soit dans la publication du *Petit Bordelais*. D'autre part, on a vu le projet de cession des 200 actions contre espèces à ce bon M. Méran, ce commanditaire idéal, grâce à la perspective d'une candidature à la députation fort hypothétique.

Et cependant, dans cette combinaison, M. Aimelafille restait plus que jamais rédacteur en chef des deux journaux.

Après les attaques de la *Victoire*, qu'on a lues plus haut contre M. Wilson, il n'était pas permis à M. Aimelafille d'ignorer ses agissements. Il acceptait néanmoins de se mettre à ses gages, de se faire le lanceur et le défenseur de ses affaires véreuses et de ses tripotages financiers ou politiques, au même titre que les quelques autres journaux déjà la propriété de M. Wilson.

---

## Insuccès de l'affaire.

Cependant, l'affaire n'aboutit pas, par suite de circonstances indépendantes de la volonté de M. Aimelafille.— On avait trop voulu prouver, paraît-il. De même que l'on avait payé des crieurs pour faire croire à une vente de journaux dans la rue, de même aussi il y avait eu des... erreurs dans les chiffres des tirages fournis.

Bref, M. Wilson était un homme trop expérimenté dans ces sortes d'affaires et M. Aimelafille n'était pas encore de taille à lui faire accepter comme de bon produit des journaux moribonds.

Ce fut une amère déception pour M. Aimelafille.

Mais M. Wilson sut se retirer sans rompre tout à fait.

---

## Situation de la « Victoire » au lendemain de l'insuccès.

En attendant, on était à bout de ressources et il fallait vivre. On eut recours à l'emprunt. Voici le texte des billets lithographiés qu'on colporta de tous côtés et qui aboutirent à des résultats négatifs :

Je soussigné, je m'engage à prêter dans le délai de.. .... ..
.......................... la somme de..................

remboursable dans cinq ans ou par anticipation, au gré des emprunteurs.

Cette somme sera productive d'un intérêt annuel de 4 0/0.

Ledit emprunt sera fait solidairement par MM. Méran, Mauriac, Aimel, Gilbert-Martin, sur une reconnaissance signée par eux.

Il a pour but de faciliter la publication des journaux *la Victoire* et *le Petit Bordelais.*

Bordeaux, le avril 1885.

On le voit, la visite de M. Laffont était de la première quinzaine de mars, et quinze jours après, au mois d'avril, on se trouvait réduit à recourir à des emprunts multiples.

—

## Continuation des négociations

Malgré tout, M. Aimelafille conservait toujours l'espoir de renouer avec M. Wilson, et il ne cessa de le poursuivre et de l'obséder de ses sollicitations pour se décharger entre ses mains de la responsabilité pécuniaire de la *Victoire* et rester le rédacteur en chef à ses gages.

Les tripotages Wilson étaient devenus plus scandaleux : ils étaient de notoriété publique.

Voici des lettres qui établissent que l'entente avec M. Wilson fut toujours recherchée par M. Aimelafille :

GRAND HOTEL DU LOUVRE PARIS — Paris, le 18 novembre 1885.

Mon cher Monsieur Jacquinot,

Je vous renvoie les deux valeurs.

. . . . . . . . . . . . . . . . . . . . . . . . .

Je suis complètement d'accord avec vous, Mauriac et Gilbert sur la situation. Donc, agissez, et nous vous serons reconnaissants. Economisez ! Economisez, puisque nos économies sont nos seules recettes nettes.

A Paris, on trouve la *Victoire* bien pâle, bien sucre d'orge.

Aujourd'hui, il n'y a plus de doute, Brisson et Allain-Targé sont condamnés ; les opportunistes intriguent toujours : il faut s'en méfier et les attaquer.

Il y aurait quelque chose de bien drôle à faire sur les préfets qui viennent d'être mis sous la dépendance de la « Sûreté générale ». On ne peut mieux dire qu'on les considère comme des malfaiteurs.

Votre bien dévoué. Georges Méran.

J'ai vu Laffont et lui ai parlé dans le sens que vous m'avez indiqué. Soyez sûr qu'il n'y a absolument rien à faire de ce côté.

Autre lettre de M. Méran, commanditaire de M. Aimelafille et son correspondant à Paris, adressée également sous le couvert de M. Jacquinot, l'employé de M. Aimelafille, à cause de l'envoi des valeurs qui avaient été demandées par ce dernier :

GRAND HOTEL DU LOUVRE
PARIS
—

Paris, le 13 janvier 1886.

Mon cher Monsieur Jacquinot,

Je vous envoie les valeurs.

J'ai vu M. Lafont et M. Wilson. Je leur ai parlé très sérieusement dans le sens que vous m'aviez dit autrefois. Ils ne disent pas non, mais ils ne disent pas oui, comme les Normands. On peut conserver un petit espoir, mais pas de sitôt. Ce qui arrête un peu leur essor et même beaucoup, c'est que la *Petite France* a perdu et perd beaucoup d'argent; et il voudrait fusionner avec la *Petite France*, la *Victoire* et le *Petit Bordelais*.

Faites mes meilleures amitiés à nos amis Aimel et Mauriac.

Votre bien dévoué. Georges MÉRAN.

Cette affaire Wilson a-t-elle été poursuivie avec assez d'acharnement et de ténacité?

En 1881, on commence à négocier et, deux ans plus tard, en 1886, on cherche encore à renouer. Et ce n'est pas fini! car, ainsi que l'écrivait M. Méran, on pouvait « conserver un petit espoir, mais pas de sitôt ».

—

## La crise de la « Victoire ».

On voit que dans ces lettres il est question de valeurs : d'autres lettres confirmeront de même que l'entreprise de M. Aimelafille subissait une crise terrible. Il fallait faire flèche de tout bois. Mais les appels de fonds restaient sans écho. Il y eut alors en circulation des valeurs de complaisance pour des sommes considérables, pour plus de deux cent mille francs. Leur négociation avait lieu par l'intermédiaire de différents banquiers, à Bourg, par exemple, lieu d'origine de M. Jacquinot, ou à Paris, par l'intermédiaire de M. X..., marchand de vieux tableaux, rue des Pics, avec lequel M. Jacquinot avait des relations d'affaires pour le commerce de bric-à-brac dont il tenait boutique. La *Victoire* était *protestée* chaque jour et ne payait que sur visite d'huissier : cela était de notoriété publique à Bordeaux. Elle avait des échéances de 20,000 francs, alors que normalement elle n'eût dû avoir à payer que 1,000 à 1,200 francs pour son papier.

Il n'est pas inutile de connaître cette période critique, qui explique les divers agissements de M. Aimelafille, soit vis-à-vis de M. Wilson, soit vis-à-vis des chefs du parti radical, et plus tard enfin vis-à-vis de M. Charles Lalou.

**La « Victoire » et M. Wilson après la rupture.**

Faut-il encore ajouter que lorsque M. Wilson tomba, la *Victoire* n'eut pas assez d'injures et d'infamies à déverser sur le gendre de M. Grévy. Nous renonçons à reproduire ces articles, qui paraissent d'autant plus odieux qu'il s'agit d'un homme avec lequel M. Aimelafille était dans des relations telles qu'il avait dû accepter de sa main, toujours en vue d'une association possible, un de ses collaborateurs qui, actuellement encore, est rédacteur à la *Victoire*.

Et lors de la dernière période électorale, c'est-à-dire hier, n'a-t-on pas vu M. Aimelafille jeter la boue sur le nom de M. Wilson et sur ceux qu'il traite de « wilsoniens »?

Mais, tenez! voici un dernier coup d'impudence qui confond! Les journaux de M. Aimelafille, la *France* et la *Victoire*, avaient l'audace de publier et de réimprimer dans la « Chronique électorale », en lettres grasses, l'entrefilet suivant :

« Il faut bien parler de la vie privée en un temps où la vie publique de nos hommes politiques se confond si étroitement avec leur vie privée.

» Faut-il citer M. Wilson, sur qui nos opportunistes, une fois qu'il a été abattu, se sont d'autant plus acharnés qu'ils espéraient en finir d'un coup avec les révélations scandaleuses. Mais, heureusement, le jour de la justice viendra aussi contre eux, **les fameux 22,000 dossiers sortiront de leur poussière et les complices de Wilson, tous, tous, comparaîtront devant la justice de notre pays.**

» On rira bien, ce jour-là, dans la Gironde et ailleurs. »

(*La France*, 21 septembre 1889).

Eh bien! c'est au lendemain de cet article que l'*Express* a reçu les photographies.

C'est certainement la réponse d'un honnête homme indigné de tant de cynisme.

Le jour de la justice est venu!

Et voilà un des 22,000 dossiers sortis de sa poussière! Cela pourra bien faire rire dans la Gironde et ailleurs, sauf celui qui a eu l'imprudence de lancer une telle menace, ne s'attendant guère à être la première victime de son défi.

La veille du scrutin, M. Aimelafille écrivait encore :

« Notre échec, c'est la suite des palinodies, des corruptions, des scandales parlementaires, c'est l'apothéose de Wilson, la béatification de Constans, la purification de Rouvier, l'exaltation de Thévenet.

» C'est le gouvernement de la France abandonné aux mains qui ont reçu le saucisson enveloppé du chèque Baratte, qui ont dénoué la ceinture du roi Norodom ! Eh bien ! non! cela ne sera pas ! Cela ne peut pas être, et malgré les infamies, les iniquités, les violences d'un pouvoir déshonoré, dans quatre jours la bande ministérielle sera mise dehors en attendant le jour prochain où, en vertu des justes lois dont parle Reinach, on la mettra dedans. »

Henri Aimel (*Victoire*, 20 septembre 1889).

Et encore, le lendemain de l'élection, le 23 septembre, on lit dans la *Victoire* :

« Encore un peu de patience ! encore quelques efforts et la République honnête, la République que souhaitent tous les sincères républicains, sera venue. La France sera débarrassée de cette tourbe de nullités, de tripoteurs, de *vendeurs de croix*, de tous ces vampires qui sucent le meilleur de notre sang et se gorgent d'or à nos dépens. »

M. Aimelafille n'épargne pas plus les membres du gouvernement que son ancien associé en perspective, Wilson, mais il faut avouer qu'il n'est guère heureux dans ses violences.

Il réclamait les 22,000 dossiers. On lui en a présenté un : le sien !

Le voilà maintenant qui parle de « nullités », de « tripoteurs », de « vendeurs de croix », lui qui a tout fait pour se faire décorer (comme on va le voir plus loin).

Et maintenant que les lecteurs ont eu sous les yeux les principales pièces de ce dossier Wilson, la conclusion est facile à tirer.

---

## CONCLUSION

*Oui, M. Aimelafille, après avoir attaqué le tripoteur Wilson, a voulu lui livrer les journaux* la Victoire *et* le Petit Bordelais. *A cet effet, les délégués de M. Wilson, M. Laffont, son secrétaire particulier, et l'imprimeur de la* Petite France, *de Tours, sont venus à Bordeaux pour traiter. M. Aimelafille aurait eu, en paiement, des actions des entreprises Wilson et il serait resté comme rédacteur en chef* aux gages *du gendre de M. Grévy.*

*Cette combinaison, qui n'a pas abouti, a été obstinément poursuivie jusqu'à la veille de la condamnation Wilson, dont M. Aimelafille connaissait parfaitement les agissements et les tripotages variés.*

(Journal *l'Express*, 4 octobre 1889.)

# DEUXIÈME QUESTION

## Places, Faveurs, Subsides sollicités auprès des chefs du parti radical. — Tripotages variés.

### ACCUSATION

*M. Aimelafille, après l'avortement des combinaisons Wilson, n'a-t-il pas sollicité auprès des chefs du parti radical et du gouvernement lui-même des faveurs, places ou subsides pour ses co-associés ou son journal ?*

### EXPOSÉ DES PREUVES

#### Places sollicitées pour M. Méran.

Ici surtout les documents vont parler. Et comme leur langage est plus probant que tout autre, nous leur laisserons souvent la parole. Voici une lettre adressée à M. Aimelafille par son commanditaire, M. Méran :

STATION THERMALE
de Capvern (Htes-Pyrénées)
—
GRAND HOTEL
succursale
HOTEL DES PYRÉNÉES
—

(L'enveloppe porte la mention : *personnelle*).

Capvern, 12 septembre 1886.

Mon cher ami,

Votre lettre m'a vivement intéressé. Je suis très heureux que la *Marseillaise* ait produit son effet. Certes, si j'étais à Paris, chaque semaine nous aurions de ces petits effets si j'étais en mesure d'être mêlé aux affaires politiques, et c'est là ce qui fait le succès d'un journal. Enfin, espérons...

Je connaissais Duvigneau, mais je ne le savais pas encore aussi bête. Sa lettre est un comble, sans compter que c'est un étourneau qui ne comprend absolument rien.

Quant à Dupouy, il ne vous pardonnera pas et surtout il ne me pardonnera pas. Que devient ma mairie ?

Je m'étonne que de Selves se soit ému, car ce que j'en ai su m'est venu par le commissaire de police. De Selves n'y est pas reçu.

En mon absence, Brannens avait offert la musique acceptée avec reconnaissance par de Selves.

Le jeudi matin, jour du banquet, le commissaire de police, qui avait été à Bordeaux le mercredi, me rapporte ce que vous savez; la musique est décommandée parce que Dupouy redoute la *Marseillaise*. De Selves est étranger à tout.

J'ai vu ici Lapeyre, conseiller général, qui m'a dit que l'incident avait fait quelque bruit et il m'a répété que Dupouy lui aurait dit qu'il avait décommandé la musique parce qu'il aurait joué la *Marseillaise*. Encore un témoin. Lapeyre pensait qu'on n'avait pas voulu inviter le maire radical; mais le propos de Dupouy est exact, vous le voyez.

En ce qui concerne la brochure, il faut la mettre chez les libraires, cela s'écoulera tout doucement. Il suffit d'en faire l'annonce dans nos journaux, ce qui ne coûte rien. On peut aussi faire quelques affiches à mettre à l'intérieur des librairies, sans timbre, je crois. Notre imprimerie peut faire ces affiches.

Et maintenant Clémenceau est à Paris. Granet va rentrer. Lockroy doit venir à Bordeaux, et si Lockroy n'est pas trop pontife ou *imperator romanus*, Gilbert pourrait lui expliquer notre cas.

La place de sous-chef de cabinet spécialement attaché à l'Exposition ne serait pas mal; nous laissons les émoluments de côté, n'est-ce pas ?

Il serait si utile que je fusse mêlé à tout cela à Paris. Qu'en pensez-vous. C'est à voir. Et c'est à vous que je remets cette question, majeure pour nous. Mais ma mairie, vous le pensez vous-même... n'est-ce pas... est perdue ? Il ne faut pas qu'elle soit perdue *bêtement*...

Songez à tout cela. Je suis ici jusqu'à la fin de la semaine. Donc, informez-moi et écrivez-moi.

Si nous pouvions nous en tirer avant la fin de septembre ou dans les premiers jours d'octobre !

Toutes mes amitiés à Gilbert et à Jacquinot et à vous de cœur.

Votre bien affectionné. Georges MÉRAN.

La place de sous-chef de cabinet attaché à l'Exposition ambitionnée par M. Méran, dans un intérêt commun avec M. Aimelafille, ne put être obtenue. Mais, en revanche, l'associé de M. Aimelafille fut bombardé directeur du personnel au Ministère des Postes et Télégraphes.

---

**M. Méran au Ministère des Postes.**

M. Méran a pris possession de son poste au Ministère des Postes et Télégraphes. Et c'est désormais du cabinet du ministre qu'il lance ses épîtres, où l'on voit combien il s'occupe du *personnel* et le rôle important qu'il joue au Ministère.

MINISTÈRE DES POSTES
ET DES TÉLÉGRAPHES
—
CABINET DU MINISTRE
—

Paris, le 22 octobre 1886.

Mon cher ami,

J'ai en mains le dossier B.... ; c'est de lui dont je vous parlais l'autre jour et pour lequel j'avais prié Jacquinot d'être mon intermédiaire. M. B.... voulait entrer dans les Postes sans concours ni examens et il avait sollicité le poste de courrier-convoyeur.

Or, ces emplois ne s'accordent qu'aux employés des postes : c'est-à-dire qu'il faut avoir été ou facteur ou piéton ou gardien, etc., et le nombre d'années est fixé : il faut avoir été employé au moins pendant huit ans ; le décret d'organisation est formel. Il est donc impossible que M. B.... puisse espérer obtenir cette place et il vaut mieux qu'il demande autre chose ; dès qu'il voudra son dossier, je le lui renverrai.

J'irai demain faire la commission de Jacquinot pour les billets de chemin de fer.

Ici, rien de nouveau ; pour moi, même situation. Violet a profité de mon absence pour me dépouiller de tous les renseignements nécessaires. Il ne veut pas que je m'occupe de son personnel !

J'ai vu Clémenceau à qui, en deux mots, j'ai fait part de cette situation.

Il m'a déclaré la connaître et ne pas s'en inquiéter, constatant lui-même qu'il n'y avait là qu'une « satisfaction morale » qui m'avait été donnée et m'a dit de patienter.

Dans ces termes, lui ai je dit, rien de mieux ! Ce que je veux seulement bien constater, c'est que si je ne fais rien, il ne faudra pas m'en imputer la faute.

Vous devez comprendre, en effet, que je tiens à ce que les situations soient bien nettes et bien connues.

Dès que je pourrai, je me mettrai en train pour la correspondance ; mais je suis un peu pris ces jours-ci par mon installation.

Amitiés et tout à vous de tout cœur. Georges MÉRAN.

---

## Demande de faveurs — Petites intrigues.

Autre lettre de M. Méran. Cette fois, l'enveloppe porte, en guise de timbre-poste, à l'instar de M. Wilson, le cachet du ministre donnant droit à la franchise postale.

MINISTÈRE DES POSTES (Cette lettre porte sur l'enveloppe la mention : *personnelle*)
ET DES TÉLÉGRAPHES
—
CABINET DU MINISTRE
—

28 octobre 1886.

Mon cher ami,

J'ai reçu une nouvelle demande de B.... que vous m'avez recommandé, et j'espère aboutir ; prévenez-le que je m'occupe de lui.

Votre protégée, Mme B..., sera replacée prochainement ; elle le serait déjà, si elle n'avait spécifié les postes qu'elle sollicite ; dès que la vacance sera faite, elle sera nommée.

Dites-moi ce que vous aura répondu G... pour Mlle P..., et aussitôt sa réponse, je donnerai satisfaction à sa demande.

En ce qui concerne E..., j'ai eu le dossier ; le rapport du préfet ou plutôt d'Ortille (entre nous, se défier beaucoup de cet homme) est tel, qu'il est impossible au ministre, sans se mettre dans une mauvaise situation vis-à-vis du préfet, de le nommer facteur à Bordeaux. Mais je vais lui faire donner une place équivalente, qui dépend, elle, du ministère : il sera nommé chargeur dans une gare ; donc, vous aurez encore sur ce point satisfaction complète.

Ma situation vis-à-vis du chef du cabinet est toujours la même ; mais je m'en tire et je pénètre peu à peu dans les bureaux.

Il n'a jamais voulu me donner les renseignements sur le mouvement. Il n'a même pas voulu les livrer au chef de bureau, il a préféré faire faire des notes dans son cabinet et les remettre au chef de bureau, qui ne peut rien faire avec ces notes. J'ai vu le chef de bureau, M. Degrangé, et je l'ai vivement conseillé de s'adresser au ministre pour avoir ces renseignements et me les faire parvenir. Il avait même dit à ce chef de bureau de ne pas venir me voir, et comme j'avais remis ma carte chez lui quand je faisais mes visites, j'ai fait demander si ma carte avait été remise. Aussitôt, visite du chef de bureau, excuses, etc. ; aujourd'hui, nous sommes au mieux ensemble.

Donc, peu à peu je *m'insinuerai* ; du reste, les lettres affluent toujours et les visites des députés et sénateurs s'affirment... donc, j'arriverai avec le temps et la patience.

Quant à la correspondance, je suis très gêné : 1° Je ne reste à la Chambre que jusqu'à quatre ou cinq heures, étant obligé d'être à mon cabinet à ce moment. Donc, nos renseignements seraient toujours incomplets ; je ne puis vous promettre qu'une dépêche. Quant à vous envoyer une correspondance suivie, M. Rouhanet, que j'ai vu hier et qui a été très aimable, m'a vivement dissuadé : Prenez garde qu'on ne vous accuse de trahir des secrets ou des intentions du ministre, m'a-t-il dit.

Peut-être ce conseil est-il bon ? D'autant que Violet me propose, pour entrer à la Chambre (étrange en vérité), une carte de *journaliste* et non une carte d'attaché au ministère.

Que de chinoiseries, cher ami ; j'en ris en dedans, et je m'efforce en ce moment d'affirmer mon influence ; plus tard, nous verrons.

En tous cas, je vous écrirai régulièrement deux ou trois fois par semaine pour vous donner les impressions que j'aurai recueillies sur la politique.

Eh ! oui ! Quelle raclée ont reçu mes amis d'Arcachon : s'ils m'avaient cru, ce ne serait pas arrivé ; ils n'ont pas pu prendre la tête du mouvement et ont donné à leurs adversaires toutes les armes pour les mettre à bas.

C'est égal, j'espère que Cazauvieilh aura baissé dans leur estime : c'est ce qu'ils m'écrivent.

Bien entendu, ils donnent tous leur démission.

Il est inutile qu'E... vienne à Paris.

J'attends de vos nouvelles. Amitiés à Jacquinot et à Gilbert.

Et à vous de tout cœur. Georges MÉRAN.

*Votre manuscrit ?*

—

## Correspondance de haute politique.

Autre lettre de M. Méran, véritable correspondance de haute politique. M. Méran... « estime que le moment est venu pour les radicaux de prendre le pouvoir, et c'est dans ce sens qu'il va parler à Clémenceau !!! »

MINISTÈRE DES POSTES
ET DES TÉLÉGRAPHES
—
CABINET DU MINISTRE
—

(L'enveloppe de cette lettre porte les mentions: *personnelle-urgent.*)

25 novembre 1886.

Mon cher ami,

Les choses ne vont pas très bien ici : nous pourrions avoir une crise ministérielle à la suite des votes de la Chambre.

Les économies sont une bonne chose et je m'applaudis qu'on force les ministres à faire ce qu'ils n'ont pas voulu : l'épuration du personnel. On fait cela à coups de bâton, à tort et à travers, mais c'est le cas pour nos amis de marcher de l'avant et de profiter de l'occasion pour prendre le pouvoir. Je crois le moment opportun. C'est dans ce sens que je parlerai à Clémençeau.

Je n'ai pas vu Faure, parce qu'il est très occupé d'abord, et ensuite parce que j'ai beaucoup à travailler ici et que si le ministre ne me donne rien, en revanche pour cela il ne me donne même pas la faculté d'entrer à la Chambre et je vous avoue que je m'ennuie de me disputer avec les huissiers.

On a envoyé Massicault en Tunisie parce que Bihourd ne convenait pas à la Banque franco-tunisienne, affaire opportuno-financière : ce pauvre Bihourd était désolé et avait refusé le Tonkin. M. Freycinet lui ayant déclaré qu'il avait disposé de son poste en Tunisie, Bihourd, pour ne pas être à pied, s'est embarqué pour le Tonkin.

Vous recevrez de B... une lettre d'Arcachon sur les élections. Faites quelque chose tout de suite; ils sont dans le gâchis et il faut qu'ils y restent.

En deux mots, voici l'affaire : Ne sachant que faire, ils ont fait des réunions où l'on a nommé des délégués. Ces délégués se sont réunis et le docteur Lalesque, très opportuniste, a proposé de composer un Conseil municipal dans lequel on donnerait une place à l'élément réactionnaire.

Ce discours a été mal accueilli, on a procédé au vote secret et, par 32 voix contre 24, la proposition Lalesque a été repoussée. Lalesque étant mis en minorité, s'est retiré du bureau et a quitté l'assemblée.

Les délégués, le lendemain, ont voté pour composer une liste ne contenant que des républicains.

Tant bien que mal, plutôt mal que bien, ils ont composé cette liste ; mais les trois quarts des élus ont refusé.

Nouvelle réunion, et on propose encore des réactionnaires : la liste est faite avec des réactionnaires. Protestations de plusieurs, qui déclarent que l'on n'était pas en nombre, etc., etc.

La plupart refuseront encore.

Mais il y a Soulié-Cottineau désigné : il faudrait dire que ce serait une honte pour des républicains de voter pour un homme qui, ouvertement, est l'ennemi acharné de la République et qui a gravement insulté tout le parti républicain dans une lettre écrite au *Nouvelliste*.

Il faudrait faire ressortir le danger de l'entrée des réactionnaires dans le Conseil municipal en présence des élections sénatoriales de l'année prochaine.

Il paraît que Thulié va à Bordeaux avec Fernand Faure le 6 décembre, à la fête maçonnique en l'honneur de Faure; Thulié travaillerait à séparer Faure des opportunistes.

Tâchez de voir Thulié. Thulié suivrait les élections électorales de l'année prochaine. Ce serait un bon condidat et il faudrait sérieusement commencer à se préparer à cette campagne.

Rien plus : écrivez-moi et, en attendant, poignée de mains à tous et à vous de tout cœur. Georges MÉRAN.

M. Méran écrit en homme politique. Il voit les choses de haut. En même temps qu'il va trouver Clémenceau pour lui dire que « le moment est opportun pour prendre le pouvoir », il parle familièrement de « ce pauvre Bihourd » et prépare les élections sénatoriales de la Gironde.

—

## M. Méran chasse pour M. Aimel.

Devant le rôle... prépondérant joué à Paris par M. Méran, M. Aimelafille fait appel aux hautes relations de son commanditaire pour obtenir sa part dans les faveurs ministérielles.

M. Méran rend compte de sa mission dans les termes suivants :

MINISTÈRE DES POSTES
ET DES TÉLÉGRAPHES
—
CABINET DU MINISTRE
—

Paris, 15 décembre 1886.

Mon cher Jacquinot,

Je n'ai vu ni M. Millaud, ni M. Gatiot. Je les attends de pied ferme. Je n'ai pas besoin de vous dire de faire publier le discours de Clémenceau *in extenso*. Aucun abrégé ne peut le remplacer et ce discours est trop important pour qu'il ne soit pas publié en entier. Je sors de chez Clémenceau et je lui ai promis de le faire imprimer ainsi. C'est, du reste, un très grand succès. Ce discours est ministériel. Goblet a été bien petit à côté, et quand il a demandé une confiance « provisoire et estimable », il s'est encore rapetissé.

Enfin le ministère est debout, et jusqu'au 15 janvier nous voilà maintenus !

Attendons l'avenir.

Ce qui est certain, paraît-il, c'est l'alliance de Freycinet avec Ferry ! On me l'affirme. Qui l'eût cru ?

Je signale ce fait parce que je me rappelle notre conversation avec le Préfet, qui trouvait Aimel « un peu frais! » Il arrivait de Paris, avait vu son oncle Freycinet, et alors attention! attention et attendons.

Toujours attendre!

Quoi qu'il en soit, demain je verrai Achard et je lui demanderai d'aller avec lui chez Goblet et je me prépare à parler au ministre. Je n'en sortirai que s'il me dit oui ou non, mais il faut que ce soit certain.

J'hésite d'autant moins qu'ayant demandé si Goblet était de bonne foi — car la composition de son ministère pourrait en faire douter, — il m'a répondu qu'il le croyait de bonne foi.

ALORS, IL NOUS FAUT NOTRE PART!

Je n'oublie pas non plus le manuscrit d'Aimel, mais je n'ai pas eu le temps, ni hier, ni aujourd'hui.

J'ai vu Lacroix ce matin qui s'était mis en rapports avec la *France* pour un journal à Bordeaux. Toujours les mêmes bruits : nous allons disparaître en janvier. J'ai vivement protesté, affirmant qu'il y avait là une manœuvre pour nous ruiner.

Lalou (pas confiance en cet homme) renonce à faire une *France* spéciale à Bordeaux, enverra son journal avec une Chronique bordelaise : il s'est adressé à Leryant pour cela. Tout cela n'est pas sérieux; mais enfin, attention et tenons nous.

On pourrait, a dit Lacroix, nous acheter. J'ai répondu que je ne connaissais pas vos intentions, que je croyais qu'on vendrait peut-être le *Petit Bordelais*, mais que la *Victoire* faisant, en outre de ses frais ordinaires, assez d'argent pour payer les intérêts d'un capital de 100,000 fr.; plus, payant MM. Gilbert, Aimel et Jacquinot, il y avait une valeur telle qu'en réalité vous y faisiez vos affaires et qu'il ne fallait pas croire que les journaux allaient mourir. Donc, si sérieusement on voulait acheter ces journaux, il fallait y mettre le prix.

Maintenant, tenez-vous sur vos gardes, mais je n'ai pas confiance dans Lalou.

Avez-vous songé à des étrennes ou à des primes pour le premier de l'an. C'est toujours de la réclame.

N'allez-vous pas lancer un feuilleton : c'est ce que font beaucoup les journaux de Paris, mais le sérieux c'est l'annonce et l'article payé. En travaillant de ce côté, je crois que vous vous y retrouverez.

Amitiés à tous nos amis et à vous affectueusement.

Georges MÉRAN.

Nous ne ferons pas ressortir cette façon de réclamer à des adversaires le prix de son concours « Il nous faut notre part ». Il y a aussi cette approbation et cet encouragement à travailler pour l'article payé. Il ne s'agit pas bien entendu d'annonces : qu'on relise la lettre, M. Méran distingue parfaitement l'annonce de l'article payé. Ce dernier, c'est l'article du rédacteur.

---

### Demande de subsides à Clémenceau et à l'Etat.

Voici, du reste, une autre lettre adressée par le même M. Méran à M. Aimelafille et qui, elle aussi, est bien édifiante :

MINISTÈRE DES POSTES
ET DES TÉLÉGRAPHES
—
CABINET DU MINISTRE
—

7 mars 1887.

Mon cher ami,

Je viens de faire encore une dernière démarche auprès du ministre pour E.... Sur trois arrêtés qui lui ont été adressés pour réintégrer E..., deux ne lui sont pas parvenus. Qui les a détournés? Je n'ai pas besoin de vous le dire. Et voilà comment cela se mène. Le troisième, présenté de la main à la main, a été repoussé. Comme je vous l'ai écrit, je vais demander au ministre si c'est un refus définitif et si E... doit perdre tout espoir de rentrer dans l'Administration.

J'attends la réponse. Du reste, cher ami, tout ce que je vous dis de vive voix est d'une exactitude malheureusement absolue.

C'est bien triste et je me demande, en présence de tous ces tripotages, s'il n'est pas nécessaire de hurler avec les loups quand on est avec les loups.

Mais, vous me connaissez, et je suis mal propre à ce métier : c'est une pitié. Rappelez-vous, du reste, le passé; jugez par là du présent, ce que sera l'avenir.

Votre lettre me confirme ce que je savais un peu de la situation des journaux. Qu'allez-vous faire?

Ne jugez-vous pas utile par lettre de me communiquer vos vues?

Voici les miennes :

Ce que vous ferez, je l'accepte d'avance; mais si vous liquidez, dans quelles conditions liquiderez-vous? Mettez-vous en vente publique? Je ne m'y oppose pas, seulement c'est évidemment pour vous le pire; en vente publique, vous ne retirerez rien ou presque rien de l'imprimerie et des journaux et par la vente à l'amiable, plus tard, si la vente publique n'aboutit pas, c'est un précédent ruineux.

Voulez-vous que je m'adresse à Clémenceau?

Dans ce cas, lisez ma lettre à Gilbert et priez-le de faire connaître la situation à Clémenceau. Je le verrai après.

Cette situation, je l'apprécie ainsi :

Si les journaux ne réussissent pas, c'est qu'ils sont en retard de douze heures au moins sur les autres journaux de Bordeaux et qu'en réalité ils ne font que rééditer textuellement ce qu'on a déjà lu dans le *Nouvelliste* et la *Petite Gironde*.

S'il n'y avait pas eu vos articles, il y a beau temps que tout se serait écroulé, et cela se comprend. C'est, du reste, ce qui est arrivé pour les autres journaux le *Journal du Peuple*, le *Courrier*, la *Guienne*, disparaissant pour se fondre dans le *Nouvelliste*, journal à nouvelles comme la *Gironde*.

Donc, il n'y a plus que les *Gironde* (opportunistes) et le *Nouvelliste* (réactionnaire). N'est-il pas indispensable pour la politique radicale de M. Clémenceau (car Paris n'est pas tout) que dans le Sud-Ouest il y ait un organe entre les opportunistes et les réactionnaires, ne serait-ce que pour empêcher de fausser la doctrine radicale que ces journaux présentent toujours sous un jour mensonger? Cette question me paraît assez importante pour être soumise à Clémenceau.

D'autre part, il n'est plus douteux aujourd'hui que pour donner la victoire aux républicains dans notre département l'appoint des radicaux est absolument nécessaire. Donc, les radicaux pourront faire la loi aux prochaines élections. Et n'y a-t-il pas grand intérêt à ce que le journal radical subsiste au moins jusqu'en 1889 ? Autre question à soumettre à Clémenceau.

Quant à soutenir le journal jusqu'à cette époque, vous ne le pouvez plus et je suppose que vous ne le voulez pas non plus et que, pour nous, la liquidation s'impose, plutôt aujourd'hui que plus tard.

Sommes-nous d'accord ?

Alors il faudrait chiffrer la dépense à faire pendant deux ans et demander à Clémenceau s'il peut faire ou faire faire cette dépense au parti ? La question vous paraît-elle bien posée de la sorte ? J'attends votre réponse.

Pour chiffrer cette demande, il faut faire un état scrupuleusement exact et donnant, d'un côté, mois par mois, pendant un an, les produits des recettes, ventes, abonnement et annonces, tout cela très exact.

Puis l'état des dépenses comprenant le tirage, machine, composition, frais de bureau, papier, gaz, employés indispensables, etc.

Balance... tant.

Vous mettriez à part les appointements des rédacteurs, chroniqueurs et administrateur.

M. Clémenceau pourrait ainsi apprécier ce qu'on peut faire et ce qu'il y a à dépenser.

S'il pouvait acheter ou faire acheter le journal, il verrait quel administrateur il pourrait mettre à la tête et quels rédacteurs il prendrait (vous et Gilbert en seriez forcément).

Si même l'affaire lui paraissait pouvoir marcher (*s'il y avait assez d'argent*), il aurait facilement dans ses rédacteurs un ou plusieurs correspondants qui enverraient tous les jours des lettres politiques et des dépêches. Il n'est pas douteux, en effet, que le *Petit Bordelais*, qui paraît après la *Gironde* et le *Nouvelliste*, en les reproduisant, n'offre pour le public aucun intérêt, pas plus que la *Victoire*, qui paraît à midi et qui ne reproduit que les mêmes journaux qu'on a lus depuis seize heures déjà.

La grande *Gironde* elle-même contient à midi des lettres de Paris, des résumés de tous les journaux de Paris que vous ne donnez que le lendemain à midi, vingt-quatre heures après. Tout cela est tellement gros, qu'il ne faut pas s'étonner de la baisse. Si donc Clémenceau pensait qu'on peut régénérer cette situation, étant donnée la position des journaux au point de vue des frais matériels, c'est-à-dire de la base, il verra; mais je crois que nous devons lui exposer cette situation. Si, au contraire, on pense qu'il faut laisser vivre les journaux tels quels en payant un administrateur et des rédacteurs, il faut chiffrer ces dépenses de façon à connaître le sacrifice qu'on peut faire de la sorte pendant deux ans.

Je suis prêt avec Clémenceau à contribuer à ce sacrifice pendant deux ans, *après que la liquidation définitive du passé aura été faite*, non pas pour me présenter à la députation à Bordeaux, je crois que j'y dois renoncer en présence des ennemis féroces que j'ai contre moi dans le parti opportuniste, mais uniquement dans le but de défendre et de soutenir dans notre région le parti radical.

Je vous l'ai déjà dit, je le répète et le dirai à Clémenceau, « si je puis avoir une place rétribuée, tous les émoluments qu'on me fera obtenir je les consacrerai au journal. »

*Il me semble qu'il serait bien juste que l'Etat nous donne un peu d'argent.* Certes, le travail et la peine venant de moi rendront largement à l'Etat l'argent que je pourrai en toucher, et cet argent servira encore au parti, en dehors de ce que je ferai personnellement pour lui.

Est-il possible d'être plus accommodant et n'est-ce pas bien juste ?

Répondez-moi sur tout cela, sur toutes ces combinaisons; parlez-en à Gilbert; discutez cela entre vous et, si vous m'approuvez, faites-moi parvenir le nécessaire pour que j'aie un entretien avec Clémenceau et qu'à la fin du mois j'apporte une réponse quelconque, un oui ou un non, de façon à ce que nous soyions fixés à cette époque et que nous ne discourions pas dans le vague et dans l'incertitude.

Pesez donc ces différentes combinaisons; faites écrire dans ce sens par Gilbert à Clémenceau *tout à fait personnellement*. J'apporterai les documents à Clémenceau et je tâcherai de vous apporter la réponse.

En attendant de vos nouvelles, amitiés à tous, et à vous de tout cœur. Votre tout dévoué, Georges Méran.

Il n'y a pas de commentaires à faire; de pareils documents sont assez éloquents et assez écœurants par eux-mêmes.

---

## CONCLUSION

*Oui. M. Aimel, voyant Wilson lui échapper, et, devant la situation critique des journaux* la Victoire *et* le Petit Bordelais, *s'est retourné vers les chefs du radicalisme, demandant, par exemple, la nomination de son coassocié, M. Méran, d'abord comme secrétaire général de l'Exposition universelle, puis obtenant pour lui la place de Directeur du personnel au ministère des Postes et Télégraphes, demandant, en outre, soit que Clémenceau, par ses relations dans le parti radical, ou par lui-même ou par l'Etat, obtînt des subsides pour son journal. En désespoir de cause, on demandait qu'il fût alloué des appointements par l'Etat à M. Méran, qui en avait fait l'abandon pour subventionner M. Aimel. L'ingénieuse combinaison frisait donc de très près les fonds secrets.*

(Express, 4 octobre 1889.)

# TROISIÈME QUESTION

## La décoration mendiée au ministre Goblet.

### ACCUSATION

*M. Aimel n'a-t-il pas mendié auprès du ministre Goblet la croix de la Légion d'honneur ; en échange, la* Victoire *serait devenue ministérielle.*

### EXPOSÉ DES PREUVES

#### La croix demandée par M. Aimelafille.

Cette pitoyable aventure d'un journaliste, se disant radical, mendiant et faisant mendier un ruban rouge pour se faire attacher au râtelier d'un ministère opportuniste, est véritablement lamentable.

Après avoir essayé de se vendre à Wilson, après avoir sollicité M. Clémenceau comme chef du parti radical, voilà M. Aimelafille qui fait ses offres de service à un cabinet opportuniste. Bientôt, il reniera ses anciens amis politiques pour verser dans le boulangisme et finalement se vendre à « l'homme d'affaires » Lalou.

Voyons donc l'histoire de cette croix que, pour l'instant, M. Aimelafille doit trouver bien lourde à porter, quoiqu'il n'ait pu l'obtenir. Que M. Aimelafille ne vienne pas prétendre que cette croix a été sollicitée en dehors de lui et à son insu. Ce serait une mauvaise plaisanterie. Voici les faits ; ils parlent haut :

Au moment de la demande de décoration, la *Victoire*, rédigée en chef par M. Aimelafille, a cessé ses attaques contre le ministère ; la rédaction de la *Victoire* — chose invraisemblable ! — cessa d'être farouche. Elle franchit le seuil de la préfecture pour assister aux réceptions officielles. S'apprivoisant même tout à fait, elle se rendit dans le cabinet du préfet pour y demander la décoration. Le préfet, M. de Selves, toujours correct et poli, hasarda timidement que, pour une pareille faveur, M. Aimelafille était... un peu frais, c'est-à-dire trop fraîchement rallié. Ceci est écrit dans une des lettres citées plus haut, datée du 15 décembre 1886, et signée Georges Méran.

## Les démarches à Paris.

M. Aimelafille dirigeait lui-même les démarches pour obtenir la croix et il était tenu au courant, au jour le jour, par son commanditaire et correspondant à Paris, M. Méran.

Voici une de ces lettres :

MINISTÈRE DES POSTES ET DES TÉLÉGRAPHES
—
CABINET DU MINISTRE
—

(L'enveloppe porte la mention : *personnelle*).

30 décembre 1886.

Mon cher ami,

Je vous envoie une petite note parue dans tous les journaux de Paris qui confirme ma lettre. Je vous envoie aussi une lettre de M. Achard qui confirme aussi ce que je vous ai écrit. Cette lettre m'est revenue de Bordeaux, où Achard l'avait adressée. Ainsi, j'en reviens à ce que je disais hier : il y a eu demande de renseignements, car Goblet a changé d'allures depuis notre première visite.

Tout cela est déplorable. Parce que certains républicains ont fait le Tonkin et les Conventions, deux crimes qui ruinent la République et la perdront peut-être, et que ces gens veulent être infaillibles et ne s'être pas trompés ; parce que certains républicains n'aspirent qu'à prendre des places et des honneurs pour eux, forment une coterie où ils ne veulent donner entrée qu'à ceux qui les approuvent et renier tous les principes républicains, nous sommes divisés, atrocement divisés ! Et ils ne veulent pas voir qu'ils tuent la République, parce qu'ils ne voient qu'eux, eux seuls !.. triste, triste !...

C'est toujours la même chose. Vous avez, mon cher ami, un grand talent d'écrivain ; je ne parle pas seulement à Bordeaux, mais à Paris où je suis avec soin tous les écrivains de talent ; vous avez fait d'énormes sacrifices, vous n'avez jamais varié dans vos idées, vous les avez soutenues fermement, courageusement ! Et tout cela s'efface parce que l'on a peur des opportunistes.

C'était la même chose pour moi : vous savez pendant un an le travail que j'ai fait ; vous savez les promesses, vous connaissez les déboires que j'ai eu à Bordeaux et à Paris, le calvaire qu'on m'a fait gravir. J'ai encore vos lettres indignées. Et quel mal a-t-on eu pour avoir une signature au bas d'un arrêté illusoire, vous le savez !

Et, à ce moment, le ministre me répétait ce que disait Goblet : « Que vont dire les opportunistes ; nous allons être violemment attaqués. »

C'était le motif qui le faisait hésiter.

Eh bien ! on n'a pas été attaqué, parce qu'ils n'ont pas osé ; pas plus que vous ne le seriez, parce que vous êtes un homme d'honneur et un citoyen courageux.

Mais c'est la chasse à l'homme. Eh bien ! chargeons nos armes et faisons feu. Ils verront bien que nous finirons par être les plus forts, parce que nous sommes dans le vrai et qu'ils ne sont, eux, qu'avides et cupides....

Mon pauvre ami, tout cela m'attriste et je ne sais pourquoi

je me suis mis en colère, puisque cela ne sert de rien, mais j'ai été emporté et, comme Alceste, j'enrage !...

Ecrivez-moi et, en attendant, recevez tous mes vœux de bonne année et transmettez-les aux vôtres, à Gilbert et à nos amis.

De tout cœur, votre dévoué. Georges MÉRAN.

La note imprimée à laquelle il est fait allusion dans les premiers mots de la lettre était celle-ci :

LES DÉCORATIONS DU MINISTÈRE DE L'INTÉRIEUR

Le nombre de croix dont dispose le ministère de l'intérieur se trouvant insuffisant, M. Goblet a dû en emprunter plusieurs aux Cultes, qui, comme on le sait, sont rattachés à l'Intérieur depuis l'organisation du nouveau cabinet.

Plusieurs croix sont accordées à la Presse; mais nous croyons savoir que, contrairement à ce qui a été annoncé, elles n'impliqueront aucune évolution politique ni n'indiqueront de changement de politique du cabinet.

Ce qui établit bien que le ministre, en donnant une décoration à un journaliste radical, ne se tournait pas vers le radicalisme, mais que c'était le journaliste qui devenait ministériel.

---

## Une lettre de M. Achard.

La lettre de M. Achard, à laquelle M. Méran fait allusion et qu'il envoie en communication à M. Aimelafille, relate l'entretien que le député de la Seine eut avec M. Goblet pour « décrocher » cette fameuse croix.

On ne la lira pas sans intérêt :

CHAMBRE DES DÉPUTÉS Paris, 27 décembre 1886.

—

Mon cher Monsieur Méran,

J'ai reçu hier la visite de M. Saisset-Schneider, et ce qu'il m'a dit des dispositions défavorables de M. Goblet m'a décidé à aller faire auprès de lui une nouvelle tentative.

Je l'ai donc vu ce matin et l'ai d'abord informé que c'était autant au nom de Clémenceau qu'en mon nom que je venais insister pour qu'il disposât d'une croix pour M. Aimel.

Notre entretien a été lamentable. Et le petit homme s'est révélé à moi sous ses côtés mesquins. Je l'ai trouvé aigri, hérissé, abondant en récriminations contre les radicaux, et il m'a exprimé sa surprise que ceux qui votaient constamment contre lui, qui avaient renversé le cabinet Freycinet, vinssent lui demander des marques éclatantes de sympathie, etc., etc.

Bref, il faut en prendre votre parti, il ne décorera pas Aimel, et, comme compensation, le Maubourguet restera sur le carreau.

Je suis sorti de chez M. G..... écœuré et ne lui donnant pas de longs jours à occuper son poste.

Regrets et amitiés. ACHARD.

Et c'est cet homme, l'honorable M. Achard, qui avait été si longtemps le correspondant politique de la *Victoire*, qui la protégeait et la servait en toutes circonstances, évitait la prison prononcée contre les gérants, faisait enlever des milliers de francs d'amende encourue par elle... c'est cet homme qui, pour faire décorer M. Aimelafille, a non seulement *menacé* de renverser un ministère, mais a tenté de le faire, comme on va le voir.... c'est cet homme, disons-nous, que M. Aimelafille a eu le courage de renier, d'insulter, de bafouer.

Il est vrai que M. Achard n'avait pu le faire décorer !

Pouah !

---

### La nouvelle de l'échec.

Enfin, l'*Officiel* paraît et M. Aimelafille ne figure pas au nombre des élus. C'est en termes désolés que son ami et intermédiaire Méran lui annonce la triste nouvelle :

MINISTÈRE DES POSTES
ET DES TÉLÉGRAPHES
—
CABINET DU MINISTRE
—

31 décembre 1886.

Mon cher ami,

Tout est consommé! Maubourguet est nommé... c'est un comble! Secrétaire de la Société de Gymnastique ; président d'une Société de Régates... « titres exceptionnels », dit l'*Officiel*. Ils sont, en effet, exceptionnels !

Quelle pitié!

Ce Goblet a nommé Directeur de la Presse un nommé Bruneau, ami de Ferry et de Waldeck-Rousseau, chef de cabinet de Laroze quand il était sous-secrétaire d'Etat.

C'est tout dire... et de tout à l'avenant!

Faut-il rire ?... Faut-il se fâcher ?...

Je vais consulter Clémenceau à cet égard.

Je ne suis pas jaloux de leur bonheur et de leur succès, mais que diable! un peu pour nous ?

Et maintenant, êtes-vous fixé sur de Selves ?... Moi, je le suis absolument.

Encore bonne année à vous et à tous.

J'attends de vos nouvelles.

Georges MÉRAN.

De cette lettre piteuse où M. Méran trouve que son ami Aimel et lui n'ont pas leur part de la couverture, nous ne voulons retenir que la note gaie, celle que M. Méran donne naturellement à son insu.

Vous figurez-vous la situation de cet homme qui ne sait *s'il doit rire ou se fâcher* et qui reste en suspens *jusqu'à ce qu'il ait consulté Clémenceau.*

---

## Tentative de renversement du ministère Goblet.

On a vu que M. Achard, en sortant de chez M. Goblet, ne lui avait pas donné « de longs jours à occuper son poste ». Et si cette prophétie ne s'est point réalisée, ce n'est point la faute de M. Achard.

C'est le 27 décembre que l'honorable député de la Seine avait demandé la décoration pour M. Aimelafille « tant au nom de Clémenceau qu'au sien », et avait menacé M. Goblet de le renverser. Les Chambres venaient de prendre leurs vacances du 1er de l'an, mais aussitôt la rentrée, le 17 janvier, dès la première séance, M. Achard — qui sait tenir parole — essaya de faire tomber M. Goblet sur la question des fonds secrets.

Voici le compte-rendu de cette séance, emprunté à la *Victoire* du 19 janvier 1887 :

### LA CHAMBRE

*Séance du lundi 17 janvier 1887.*

. . . . . . . . . . . . . . . . . . . . . . . . .

. . . . . . . . . . . . . . . . . . . . . . . . .

M. Achard. — J'ai déposé un amendement tendant à réduire le chiffre du chap. 17 (Dépenses secrètes de sûreté publique de 2 millions à 700,000 francs). Le but de l'amendement est en même temps de subordonner ces dépenses au contrôle du Parlement. Je ne suis pas guidé par une pensée d'hostilité contre le ministre de l'intérieur, qui peut compter sur l'estime personnelle...

M. de Cassagnac. — Ne vous engagez pas même sur ce point.

M. Achard. — J'ai parlé de l'estime à laquelle le ministre a droit. Voilà pourquoi j'ai dit personnelle.

M. le Président du Conseil. — Je ne tiens qu'à l'estime que je souhaite.

M. Achard. — Dans tous les cas, le gouvernement aurait dû dans la question des fonds secrets prendre l'initiative de la réforme que je propose. Le seul contrôle qui existe de l'emploi des fonds secrets est celui du Président de la République. Ce contrôle est purement décoratif (assentiment). La preuve en est que les fonds ont été souvent détournés de leur but. En résumé, il n'y a pas de contrôle et il en faut un. Le Ministre qui prendra la résolution de restituer ce contrôle au Parlement sera applaudi par la Chambre entière. Si les explications de M. le ministre de l'Intérieur ne lui paraissent pas suffisantes, la Chambre saura faire son devoir et prouver que son désir de réformes n'est pas un feu de paille.

M. Goblet, président du Conseil. — La somme de 2 millions affectée au service des fonds secrets n'est pas supérieure aux besoins. Quant au principe en lui-même, il n'est pas contraire au régime de liberté. Il importe d'avoir une police occulte sous un gouvernement qui laisse le champ libre à ses adversaires. Plus le gouvernement est désarmé de moyens préventifs, plus il a besoin de savoir ce que l'on trame contre lui. Il y a des adversaires qui ne circulent pas en France parce qu'ils en sont exclus, mais leur argent y rentre. Donc, les fonds secrets sont nécessaires. Quant au contrôle des fonds secrets, le gouvernement ne peut l'accepter. Il réclame le vote comme une preuve de confiance personnelle.

M. PELLETAN. — Bien que d'accord avec M. Achard sur le fond de la question, mes amis et moi nous ne voterons pas pour l'amendement afin de ne pas provoquer une nouvelle crise avant le vote définitif du Budget. Nous nous abstiendrons.

M. ANDRIEUX. — Je voterai pour les fonds secrets bien que j'y sois opposé, mais le pays est saturé de crises ministérielles.

M. DUGUÉ DE LA FAUCONNERIE. — J'avais l'intention de m'abstenir, mais M. Goblet a si clairement indiqué l'emploi qu'il compte faire de ces fonds que la Droite ferait preuve de naïveté si elle se contentait de s'abstenir.

L'amendement de M. Achard est repoussé par 273 voix contre 220. Le chapitre 17 est adopté. (*Victoire*, 17 janvier 1887).

On remarquera que M. Achard a déclaré qu'il « n'était pas guidé par une pensée d'hostilité contre le ministre de l'intérieur qui peut compter sur l'estime personnelle », ce qui était une allusion à la menace faite le 27 décembre. A quoi M. Goblet réplique vertement : « Je ne tiens qu'à l'estime que je souhaite. »

C'était bien la suite de l'altercation qui avait eu lieu dans le cabinet du ministre entre M. Achard et M. Goblet.

On remarquera également que M. Cassagnac souligna par une grossièreté les paroles de M. Achard et que la Droite vota l'amendement de ce dernier.

De son côté, M. Pelletan dut monter à la tribune au nom de l'Extrême Gauche, ne voulant pas s'associer à ce vote et tenant à dégager ses amis et lui par une déclaration publique de la responsabilité d'une crise ministérielle.

M. Andrieux fit une déclaration identique à celle de M. Pelletan.

M. Achard avait donc tenté de renverser le ministère sans l'adhésion de l'Extrême Gauche, à laquelle il appartenait. C'était une question personnelle entre M. Goblet et lui. Finalement, l'amendement de M. Achard fut repoussé par 273 voix contre 220.

Et voilà comment la décoration de M. Aimelafille a failli nous valoir une crise ministérielle.

---

### M. Aimelafille menace le ministère sous conditions.

De son côté, M. Aimelafille menaçait le ministère de ses foudres du bas des colonnes de la *Victoire*.

Le 1er janvier, M. Aimelafille n'avait pas été compris dans la fournée des décorations. Aussitôt les Chambres rentrées et que M. Achard eut fait son attaque, voici M. Aimelafille qui prend sa plume et, à son tour, part pour la guerre.

A la date du 21 janvier 1887, on pouvait lire dans la *Victoire*, sous ce titre :

AVIS AU MINISTÈRE

Un fait ressort absolument incontestable des premiers débats de la Chambre. C'est que le ministère Goblet est incapable de subsister sans l'appui des radicaux. Que la chose soit du goût de M. le Président du Conseil ou qu'elle lui soit désagréable, c'est tout un. Si le groupe de l'Extrême Gauche lui refuse son concours, il est perdu. La démonstration de cette vérité a été faite avant-hier par le scrutin relatif aux fonds secrets. Si un certain nombre des membres du groupe dit intransigeant n'avait pas voté pour le ministère uniquement pour lui éviter un échec, si la plupart des autres ne s'étaient abstenus pour le même motif, le cabinet Goblet avait vécu.

Si M. Goblet a véritablement la taille d'un homme d'Etat, cet incident est propre à lui donner à réfléchir. Vouloir continuer le jeu de M. de Freycinet serait de sa part une impardonnable aberration. Espérer que, par amour pour ses beaux yeux, les radicaux se résigneront à jouer le rôle de Raton tirant les marrons du feu au profit de Bertrand, serait une chimère.

Mais si, sans rien consentir, sans prendre aucun engagement, on se flatte de les entraîner dans la servilité d'une politique au jour le jour, dans la voie des compromissions et des palinodies, on s'abuse. Heureusement, ils sont rares parmi nous ceux qui sont du bois dont on fait les Steeg.

Henri Aimel. (La *Victoire*, 21 janvier 1887.)

Ce qui laissait manifestement entendre que « si l'on consentait quelque chose, si l'on prenait l'engagement désiré, » la *Victoire* et son rédacteur en chef Aimelafille accepteraient de soutenir le ministre et se laisseraient « entraîner » avec lui « dans la servilité de sa politique au jour le jour. »

La demande est assez évidente par elle-même et il n'y a pas lieu d'insister.

---

# CONCLUSION

*Oui, M. Aimel a mendié la croix de la Légion d'honneur auprès de M. Goblet, ministre de l'intérieur. A cet effet, la* Victoire *cessa ses attaques. Des visites furent faites à la Préfecture, qui trouvait M. Aimel « trop fraîchement converti ».*

*MM. Saisset-Schneider, ancien préfet, Clémenceau et Achard s'employaient auprès de M. Goblet.*

*M. Achard, après une dernière tentative auprès du ministre Goblet et devant son refus de la croix pour M. Aimel, alla jusqu'à le menacer de le renverser.*

*Ceci se passait à la fin de décembre.*

*Le 1er janvier, l'*Officiel *n'apportait point la nomination attendue par M. Aimel. Dès le 18 janvier, aussitôt les Chambres rentrées, M. Achard attaquait violemment M. Goblet à propos des fonds secrets. Et, dès le lendemain, M. Aimel, dans un article intitulé : « Avis au ministère », écrivait textuellement : « Si M. Goblet se figure que nous allons le soutenir pour ses beaux yeux.... »* (*Express*, 4 octobre.)

---

# QUATRIÈME QUESTION

## Le radicalisme renié pour le boulangisme. — Clémenceau, Pelletan, Achard trahis et combattus.

### ACCUSATION

*M. Aimel, places, subsides et décorations n'arrivant pas, n'a-t-il pas renié le radicalisme pour le boulangisme?*

### EXPOSÉ DES PREUVES

#### Les motifs de la trahison.

On a vu, dans les pages qui précèdent, les sollicitations de M. Aimelafille, — on a lu les nombreuses lettres où il était question de demandes de tout genre. On a vu enfin les combinaisons qui étaient présentées à Clémenceau pour arriver à obtenir des subsides pour la *Victoire* et son rédacteur. On a vu les démarches et au besoin les sommations adressées à M. Goblet pour obtenir une décoration. « Il nous faut notre part! » disait M. Méran au ministre. « Puisque vous refusez la demande de croix pour Aimelafille que je vous adresse au nom de Clémenceau et au mien, je ne vous donne pas de longs jours à occuper votre poste! » ajoutait M. Achard, député de la Seine, président de l'Extrême-Gauche.

Quinze jours après, à la Chambre, M. Achard tenait parole et tentait de renverser le ministre, tandis que, dans la *Victoire*, M. Aimelafille lançait son « Avis au Ministère ».

Néanmoins, rien n'arrivait, rien n'aboutissait : l'affaire avec Wilson ratée, les subsides sollicités auprès des chefs du radicalisme même, sous la forme de gros appointements donnés à M. Méran, ces subsides, disons-nous, ne pouvaient être obtenus. M. Méran disait : « Il me semble qu'il serait bien juste que l'Etat nous donnât un peu d'argent. »

M. Aimelafille était évidemment du même avis. La décoration elle-même, malgré les avances faites à l'opportunisme de la Préfecture et aussi au ministère, était indécrochable!

C'était à y renoncer et il n'y avait décidément rien à faire avec les gens du radicalisme. Pendant dix ans, on a vu, à Bordeaux, M. Aimelafille tenir le drapeau du parti républicain avancé, il ne jurait que par les chefs du radicalisme. La *Justice* était le phare de sa politique. Pelletan était un oracle, Clémenceau un demi-dieu et Achard un prophète respecté. M. Aimelafille était le grand-prêtre opérant à Bordeaux dans la chapelle radicale.

Mais, au bout de dix ans, et même avant, M. Aimelafille a constaté avec amertume que le radicalisme ne le menait ni à la fortune ni aux honneurs, que ses amis, ses patrons, les chefs du parti ne pouvaient rien obtenir pour lui.

L'étoile de Boulanger se levait : il se tourna vers elle.

---

## M. Aimelafille renégat. — Sa polémique avec M. Pelletan.

Tout le monde a encore présent à la mémoire les articles dans lesquels M. Aimelafille accomplit sa rupture et fit œuvre de renégat envers la République.

Mais il est bon de résumer sommairement les phases de cette évolution.

La *Victoire*, on le sait, depuis des années, avait fait du gillysme à outrance, bien avant que Numa Gilly eût été inventé. Lors du procès Raynal, elle avait poussé ses attaques avec l'appui de M. Delboy.

Devant le résultat de ce procès, la *Victoire*, furieuse de voir que les témoignages n'avaient pas marché à sa guise, s'en prit à tout le monde et profita de la circonstance pour rompre avec ses anciens amis politiques. C'était une diversion pour opérer son évolution boulangiste.

M. Aimelafille s'était, de même que M. Delboy, montré plus gillyste que Gilly lui-même. Ce dernier venait d'être condamné et M. Aimelafille essayait de se mettre à couvert derrière les républicains les plus autorisés et il masquait sa reculade en cherchant à les compromettre dans les lignes suivantes :

Où étiez-vous Madier ? Et vous Pelletan ? Et vous Clémenceau ? Et vous Maret ? Et vous tous que je pourrais citer pour m'avoir dit à moi, parlant à ma personne, portes closes et sans témoins, des choses autrement fortes, autrement nettes, autrement brutales que celles répétées à Alais par Gilly, ou éditées sous son nom dans ce misérable fatras intitulé : *Mes Dossiers*.

Quelques jours après, acculé dans une polémique où il n'avait point le beau rôle et dont il demandait vainement la clôture, il écrivait :

Quand je lui parle (il s'agit de M. Pelletan) de ces articles dans lesquels il flétrissait et répudiait tout contact, toute alliance avec la coterie opportuniste — qu'il suit aujourd'hui — il me répond qu'il n'a jamais parlé de ces choses et que « j'invente des conversations. » (La *Victoire*, 1er mai 1889.)

---

## Boulangiste ou non?

M. Aimelafille, dans sa polémique avec Pelletan, suivant son habitude, restait à côté de la question et se gardait bien de répondre à l'interrogation si nette qui lui était posée :

« Etes-vous ou n'êtes-vous pas boulangiste? »

Et, bravement, il passait la main au citoyen Jourde, dès lors candidat boulangiste dans la troisième circonscription de Bordeaux.

M. Jourde affirmait par lettre que M. Pelletan lui avait tenu, dans une réunion de l'Alhambra, un propos contre M. Rouvier, disant que ce dernier avait reçu 830,000 fr. pour sa part dans les Conventions. Démenti de M. Pelletan. Réplique du citoyen Jourde, qui maintient, sur l'honneur, la véracité de la conversation particulière rapportée. Second démenti de M. Pelletan, qui termine en disant :

Quand on ment, au moins faut-il tâcher d'être vraisemblable. (*Justice*, 4 mai 1889.)

---

## M. Achard trahi et insulté par M. Aimelafille.

Entre temps, M. Aimelafille, toujours pour les besoins de sa polémique contre M. Pelletan, avait livré à la publicité une partie d'une lettre confidentielle qui lui avait été adressée par M. Achard.

M. Achard, s'étonnant à juste titre de ce procédé, écrivait à M. Aimelafille :

« J'ignorais qu'on ne pût écrire à l'homme qui a été votre ami et qui est journaliste sans s'exposer voir livrer à la publicité et se transformer en moyens de polémique des appréciations d'un caractère intime, d'autant moins réservées qu'elles avaient un caractère de généralité et qu'elles avaient été formulées avec la pensée de la discrétion qui devait les accueillir. » (29 avril 1889.)

M. Aimelafille lançait contre M. Achard, cet honnête homme qui, depuis de longues années, lui avait rendu tant de services, une accusation infamante de duplicité et de malhonnêteté politique.

Je trouve là — disait M. Aimelafille — une nouvelle preuve que vous avez deux sortes d'opinions, une pour les amis et une autre pour le public.

J'avais cru que l'opinion d'un député n'avait qu'une face, qu'elle était indivisible et que ce qu'il pensait tout bas, il le pensait également tout haut.

J'avais cru que, de même qu'il n'y a qu'une morale, il n'y a aussi qu'une manière d'être franc et loyal. (30 avril 1889.)

M. Aimelafille, l'homme que l'on sait, s'érigeant en professeur de morale politique et donnant des leçons, à qui ? à M. Achard ! !...

---

## Le Confiteor boulangiste de M. Aimelafille.

M. Pelletan, dans la *Justice*, de son côté, ne tenait point quitte M. Aimelafille. Il le pressait vivement de se déclarer. « Etait-il boulangiste, oui ou non ? »

M. Aimelafille, qui avait toujours équivoqué, ne pouvant plus échapper, dut se résoudre à prononcer son *Confiteor* boulangiste.

Cela avait été dur à arracher. Ce fut long à expliquer. L'article ne tenait pas moins de trois colonnes.

Enfin, le Rubicon était franchi !

M. Aimelafille, après une charge contre l'opportunisme, reniait également le radicalisme de ses anciens amis de la *Justice*. Il parlait d'une coalition Ferry-Clémenceau. Boulanger était l'homme qui permettait d'ouvrir une voie nouvelle. Ce n'était pas un aspirant dictateur, mais un martyr pour lequel le suffrage universel s'était prononcé : « Si agir ainsi, concluait M. Aimelafille, c'est être boulangiste, je le suis. » (3 mai 1889.)

En signant cet article, M. Aimelafille s'était rejeté à tout jamais hors du parti républicain.

Et M. Pelletan enregistrait cet aveu dans les lignes suivantes, qui méritent d'être citées :

Ce pauvre M. Aimel, croiriez-vous qu'il emploie trois colonnes à m'avouer qu'il est boulangiste en tâchant de ne pas l'avouer tout à fait et en me disant qu'il ne l'est que comme MM. Naquet, Laisant, Rochefort. Dans cette liste d'autorités imposantes, M. Aimel n'oublie qu'un nom, celui qu'il aurait dû le moins oublier : M. Lalou. « Il est plus facile, disait Pascal, de trouver des moines que des raisons » et depuis les déclarations religieuses de MM. Boulanger et Naquet à Tours, on fait sans doute plaisir à ces messieurs en les qualifiant de moines.

Une seule question à M. Aimel : Ignore-t-il l'alliance de tous les monarchistes de toutes les nuances avec M. Boulanger, les déclarations de M. de Mackau, les tendances des prétendants, les votes (avoués) de la réaction, les tirades de M. Paul de Cassagnac sur le profit que ces messieurs comptent tirer de leur ami et complice, les efforts de celui-ci pour se ménager cet appui ?

Une autre question à M. Aimel : Ignore-t-il le langage césarien tenu par ce personnage, les manifestes reproduisant le plus pur programme du Deux-Décembre, les cérémonies grotesques où l'on pratique l'adoration d'un homme ?

S'il avoue ignorer ces légers détails, connus aujourd'hui des chutes du Niagara au bord de la mer Caspienne, c'est assurément qu'il a fait dans ces derniers temps un voyage sur les bords de l'Amour ou dans la lune.

S'il ne les ignore pas, comme il se garde bien de les discuter, il faut en conclure qu'il sait lui-même où le bât le blesse.

Noircir quatre colonnes sans trouver une ligne pour expliquer dans quel but on s'allie avec MM. Dugué de la Fauconnerie, Paul de Cassagnac, Philippe VII, le prince Jérôme, le prince Victor, Emile Olivier (et c'était la seule explication à donner)... Ah ! monsieur Aimel ! c'est bien triste et je vous plains sincèrement.

Mais alors... il vaudrait mieux vous taire.

(La *Justice*, 5 mai 1889.)

---

## La profession de foi de M. Aimelafille.

A partir de ce moment, M. Aimelafille a jeté tout à fait le masque. Il ne garde plus aucune réserve. Il s'accole le titre de candidat boulangiste, dont il fait parade en tous lieux. Mais, pour qu'il n'y ait aucun doute, voici textuellement les termes de son *Credo* boulangiste, lu dans les réunions publiques, publié dans les journaux et affiché sur les murs :

... Mon programme, vous le connaissez. Il est extrêmement simple.

Je veux la révision par une Constituante et la ratification de la convention nouvelle par le *referendum*.

Je veux la révision et c'est pourquoi je marche avec le général Boulanger, qui la réclame, contre Jules Ferry, qui la repousse.

... Le général Boulanger rendu à l'armée et remis à sa vraie place de soldat, là-bas, sur la frontière de l'Est, face à l'ennemi.

Les ministres concussionnaires, les trafiquants de pots-de-vin, les dénoueurs de ceintures et les mangeurs de saucisson à leur vraie place aussi, sur les bancs des assises.

Voilà mon programme. Si vous me nommez, pour le réaliser, j'y dévoue mon nom, ma fortune et ma vie.

---

## Noble attitude de M. Achard.

Le boulangisme de M. Aimelafille alla, on le sait, au deuxième tour, jusqu'à inviter M. Achard à se désister en faveur du candidat boulangiste de la première circonscription,

M. Albert Chiché. L'ardent néophyte s'attira de la part de ce républicain si profondément honnête (je veux parler de M. Achard) la déclaration indignée qu'on va lire.

Cela valait un coup de cravache sur la face de traître de renégat du rédacteur gagé de M. Lalou.

.....Il ne faut pas d'équivoque entre nous, Monsieur le Rédacteur.

Je suis républicain avant d'être révisionniste, et quelque convaincu que je sois de la nécessité de la Révision par une Constituante, je n'irai jamais, pour l'obtenir, jusqu'à marcher la main dans la main, suivant votre expression, avec un candidat boulangiste.

Cela, non ! Je ne le ferai jamais !

Agréez, Monsieur le Rédacteur, mes civilités empressées.

A. Achard.

« Pauvre Monsieur Achard ! » crache M. Aimelafille, au bas de cette lettre, qu'il publie.

Triste, Monsieur Aimelafille ! pourrions-nous ajouter.

Et ce vendu parle encore de « l'état d'esprit singulièrement obscurci de M. Achard ».

Cette dernière insulte vaut bien que l'on rappelle un trait qui peint la loyauté et la grandeur de caractère de ce doyen de la démocratie si digne, si respecté de tous.

Alors que M. Aimelafille commença ses attaques contre M. Achard, lançant les plus méprisables insinuations sur sa moralité politique, lui reprochant d'avoir deux faces, deux opinions, l'une pour le public, l'autre pour les amis, à ce même moment, M. Achard prit dans son secrétaire le volumineux dossier des lettres que depuis dix années lui avait adressées M. Aimelafille.

C'était une collection complète. Il y avait de tout là-dedans. Et le signataire était toujours quémandeur : tantôt c'était une remise d'amende de plusieurs milliers de francs pour le journal *la Victoire* et une remise de prison pour son gérant, tantôt c'étaient des faveurs personnelles, comme on l'a vu pour la décoration : ces lettres débordaient de serments de fidélité politique, de protestations d'éternelle reconnaissance.

Il suffisait à M. Achard de produire quelques-unes de ces lettres pour changer la face des élections à Bordeaux, jeter bas les masques et faire rentrer les impudents dans leurs trous.

Les violences de M. Aimelafille, de plus en plus ignobles et injustes, auraient pu donner à M. Achard l'envie légitime de frapper mortellement le domestique de M. Lalou..... en ouvrant tout simplement ses tiroirs.

Mais il trouva M. Aimelafille si infâme dans cette violation de sa foi politique, dans cette trahison des liens de l'amitié, dans cette ingratitude bestiale, qu'il ne voulut même pas toucher du talon la tête de la vipère.

Il méprisa. Et pour que le souvenir du traître dont il avait été le bienfaiteur vienne moins souvent salir sa mémoire, il prit les lettres et jeta au feu le paquet tout entier...

Voilà un trait de stoïcisme digne d'une autre époque.

Ce n'est pas d'ailleurs sans un certain plaisir que M. Aimelafille apprendra la destruction de cette correspondance.

Mais les lettres brûlées par M. Achard n'ont pas emporté dans leurs cendres le secret de toutes les compromissions de M. Aimelafille.

---

## Les projets du lendemain de l'élection.

Dans cette question du radicalisme renié pour le boulangisme, il nous faut enregistrer la dernière phase : elle complète l'ignominie de la trahison.

Aussitôt nommé, M. Aimelafille pensait faire oublier facilement toutes ses déclarations boulangistes et, mandat en poche, essayer de reconstituer sa considération politique, très gravement endommagée durant les derniers jours. Le plan était simple : peu à peu, il s'insinuerait dans le parti républicain, dont il avait été rejeté et, sous la vague désignation de révisionniste, le loup pourrait rentrer dans la bergerie.

Mais ses efforts furent inutiles.

Misérablement et dédaigneusement rejeté de tous les groupes républicains, se heurtant même sans succès aux portes de ses alliés de la veille, les clérico-monarchistes, il est tenu à l'écart comme un pestiféré.

Repoussé de tous, M. Aimelafille doit accepter par force ce petit coin dans le chenil boulangiste qu'il voulait tant éviter.

Le cœur plus enfiellé que jamais de ces mépris récents, il hurle en compagnie de toute la meute.

Ah ! les républicains radicaux — qu'il a trahis, insultés, déshonorés la veille encore — ne veulent plus de ce vendu à la Boulange, de ce traître, de cet insulteur?

Eh bien ! soit. M. Aimelafille restera boulangiste... puisqu'il ne peut faire autre chose.

Mais il se vengera!

Et le lendemain du banquet du 27 janvier à la salle Wagram, où M. Aimelafille siégeait à la table d'honneur, — ce qui ne l'empêche pas d'ailleurs d'y perdre sa médaille de député, au sujet de laquelle il vient de poursuivre et faire condamner le malheureux boulangiste qui l'avait portée au Mont-de-Piété — la *Presse*, le moniteur officiel du boulangisme, reçoit en article de première page une profession de foi boulangiste qui paraît définitive... (jusqu'à la prochaine trahison) signée en grosses lettres : Henri AIMEL.

Voici cet article :

LA MANIFESTATION D'HIER

La manifestation d'hier a dépassé toutes les prévisions. Elle marque, après les défaillances des uns, après les trahisons des autres, le réveil décisif de ce grand peuple de Paris qui est la sentinelle toujours vigilante et toujours debout de la République et de la Liberté.

Les malins, les habiles, allaient se disant entre eux : « Le Boulangisme est mort ! » Et déjà tout joyeux, ils dépeçaient le cadavre et s'en partageaient les débris.

L'éclatant, le foudroyant anniversaire célébré hier dans l'immense salle Wagram, leur répond : « Non ! le peuple de Paris qui, il y a un an, acclamait par 245,000 voix le chef du Parti National, n'a abandonné aucune de ses revendications, aucune de ses espérances, aucune de ses volontés.

» Ce qu'il était il y a un an, il l'est aujourd'hui, et il le sera demain.

» Inébranlable en sa foi patriotique, en ses convictions républicaines, il ira aux batailles prochaines du scrutin, avec le même entrain, la même allure fière et virile. »

On s'était flatté, à coups d'invalidations systématiques, à coups d'exclusions, de terroriser ce peuple ardent, épris de justice et d'honneur.

Le coup de la validation de Joffrin avait passé. Et l'on s'imaginait que c'était fini.

Eh bien ! non ! rien n'est fini ; tout recommence.

On ne fera pas aller Paris aux gémonies gardées par Constans.

Il ira où il voulait aller le 27 janvier 1889

Il ira en avant.

Il ira jusqu'au bout. Henri AIMEL.

(La *Presse*, mercredi 29 janvier 1890.)

Cette citation est d'hier. Quelle opinion enfourchera demain M. Aimelafille. Peu nous importe ! n'est-ce pas un homme à l'eau ?

Quoi qu'il en soit, voilà un quatrième point, où, preuves en mains, nous confondons M. Aimelafille.

Et nos lecteurs, à quelque parti qu'ils soient attachés, ne pourront s'empêcher de tirer avec nous cette conclusion.

## CONCLUSION

*Oui. M. Aimel, ne pouvant obtenir des chefs du radicalisme aucun concours financier ni subvention sur les fonds de l'État sous une forme quelconque, ne pouvant même pas décrocher la décoration qu'il avait mis tout en œuvre pour se faire donner, se décida à renier un parti politique qui ne rapportait ni argent ni honneurs. Il se détourna de ses anciens amis radicaux et attaqua Clémenceau Pelletan et Achard lui-même, qui s'etait cependant si longtemps et avec tant de dévouement compromis pour servir ses intérêts et pour le faire décorer.*

*Oui! M. Aimelafille, dès lors, se tournera vers le soleil levant, plein de promesses alléchantes, — le boulangisme!*

---

# CINQUIÈME QUESTION

## Vente par traité secret à M. Lalou de la plume et de la conscience politique de M. Aimelafille et du parti radical bordelais.

### ACCUSATION

*M. Aimel pourrait-il nous dire quels sont les termes du traité secret qui le lie avec celui qu'il appelait lui-même « l'homme d'affaires » Lalou et pour quel prix il lui a vendu sa conscience politique et le parti radical bordelais?*

### EXPOSÉ DES PREUVES

**Infamie consciente.**

On vient de voir comment s'accomplit l'évolution de M. Aimelafille vers le Boulangisme et de quelle manière il brisa avec ses anciens amis politiques.

Abandonner le parti républicain auquel on appartient pour embrasser la cause d'un César est chose grave ; c'est une trahison ! Cependant, on a vu des républicains sincères se laisser abuser et de bonne foi s'enrégimenter derrière le général Boulanger, ne croyant pas desservir la République.

Cela ne saurait être le cas de M. Aimelafille. Il ne peut se mettre au nombre des naïfs, des ignorants en matière politique.

Sa bonne foi et la sincérité de ses convictions n'ont rien à voir là-dedans.

M. Aimelafille a attaqué les chefs du radicalisme, a renié la République et a cherché à entraîner avec lui le parti radical, parce qu'il en avait reçu l'ordre de M. Lalou. Il a craché sur les républicains les plus sincères, il a jeté la diffamation sur ceux qui avaient été ses amis intimes, uniquement parce qu'il était payé pour cela.

Il a trahi le parti radical bordelais, parce qu'il l'avait vendu à M. Lalou et s'était engagé à le lui livrer et qu'il en avait touché le prix. M. Lalou avait acheté les votes des électeurs radicaux, à livrer depuis deux ans (14 et 15 octobre 1887). Il s'est fait faire la livraison en deux fois. La première était à l'occasion des élections municipales. Les électeurs radicaux refusaient presque tous de suivre M. Aimelafille : ils ne s'expliquaient pas l'entente de la *Victoire* et de la *France*. La livraison définitive du parti radical fut faite pour les dernières élections législatives.

Le marché a été rempli de part et d'autre : M. Lalou a payé ; M. Aimelafille a trahi.

---

## La lettre Judet.

M. Aimelafille ne viendra pas dire qu'il ne savait pas ce qu'était le directeur de la *France*, et qu'il est victime d'une surprise. Le traité que nous allons citer est unique.

M. Aimelafille a été à la hauteur de « l'homme d'affaires » Lalou, avec la trahison en plus toutefois. Du reste, en dehors des appréciations d'ordre personnel et intime, il y avait l'opinion publique qui était fixée sur le directeur de la *France*.

On se souvient sans doute de la lettre de M. Judet, ancien collaborateur de la *France*, écrite par ce dernier à l'*Autorité* en juillet 1887. M. Judet explique les motifs de son départ de la *France* en 1884. Voici les principaux passages de cette lettre :

« Au cours d'une vive campagne menée par moi dans la *France*, M. Lalou, afin d'obtenir les bonnes grâces officielles, me demanda de briser ma plume. Il craignait alors d'être mis en prison dans les vingt-quatre heures pour une très fâcheuse affaire correctionnelle, et il comptait échapper à la justice en sacrifiant ses engagements avec ma liberté. Ne pouvant pas lui livrer ma dignité et mon indépendance pour le tirer d'un embarras de cette nature, je m'empressai de quitter la *France*.

» A cette occasion et à la lumière des débats intérieurs qui précédèrent mon départ, j'eus le loisir d'estimer ce que valait le caractère, les procédés, les agissements et la parole de M. Lalou. J'appris, à mes dépens, qu'il était impossible à un galant homme de frayer avec lui. Je ne me pardonnerais pas d'avoir été son collaborateur si je n'avais ignoré durant mon passage à la *France* ce qu'était son directeur et si je ne l'avais quittée comme on sort d'une mauvaise maison dès qu'on a reconnu son erreur.

» Depuis, j'ai suivi de loin l'étrange carrière de M. Lalou et je me suis convaincu qu'il reste fidèle à ses origines. C'est bien le type le plus parfait du journaliste ignorant et malpropre qui déshonore la presse. Heureusement, M. Lalou, malgré ses efforts pour devenir un personnage politique, n'est avoué par aucun parti, puisqu'il ne saurait être du parti des honnêtes gens. Ceux-là même qui l'utilisent reviendront tôt ou tard des illusions qu'il leur a fait concevoir. »

C'est du journal *le Nouvelliste* de Bordeaux, du 1er août 1887, que nous détachons cette lettre, dont la publication est suivie de la réflexion suivante :

« Le général Boulanger sera assurément flatté de voir de quelle façon est traité son ami et défenseur attitré, M. Lalou. »

Le *Nouvelliste* ne pensait pas alors qu'il se ferait le défenseur attitré de M. Lalou et de son domestique Aimelafille, en faveur du général ! Que les temps sont changés !

---

## M. Lalou jugé par M. Aimelafille.

M. Aimelafille n'avait d'ailleurs que faire de la lettre Judet. Le journal *la France* venait de s'installer à Bordeaux avec un succès longtemps maintenu, mais éteint à cette heure, et quelques personnalités politiques oubliaient sans regrets la *Victoire*, au bénéfice du nouveau-né tout puissant.

Dans ce nombre, se trouvait M. Delboy, et voici comment M. Aimelafille traitait les efforts de M. Delboy et qualifiait le directeur de la *France* :

« Nous avons reçu le procès-verbal d'une réunion provoquée par MM. Lacroix et Delboy, qui avait pour but de préparer la création d'un cercle radical indépendant, sur l'organisation duquel nous aurons peut-être l'occasion de nous expliquer. Dans cette réunion, où il a été voté un ordre du jour contre le ministère Rouvier et la politique opportuniste, M. Delboy a fait une déclaration bien sentie en faveur d'un de nos nouveaux confrères, déclarant qu'il n'y avait plus lieu, à son avis, de considérer la *Victoire* comme l'organe du parti radical.

» M. Delboy a caractérisé, du reste, son officieuse déclaration en se portant comme le mandataire de M. Lalou, l'homme d'affaires bien connu, créateur et directeur du nouveau journal. » (*Victoire* du 8 juin 1887.)

Le croirait-on ? Au moment où M. Aimelafille traitait ainsi M. Lalou, il cherchait plus que jamais à lui vendre son journal. Cet article était, de la part de M. Aimelafille, nous ne pourrons pas dire un moyen de chantage, mais une menace, une attaque pour décider M. Lalou à acheter le silence et la complaisance d'une feuille qui pouvait être très dangereuse dans la période de création de la *France*.

M. Lalou comprit cette mise en demeure; le marchandage commença. Ceci explique que la *Victoire* ne reproduisit pas la lettre Judet du 31 juillet. Il s'agissait cependant du concurrent qu'elle avait à combattre, mais l'affaire était sur le point d'aboutir.

---

## Le traité Aimelafille-Lalou.

C'est, en effet, au mois d'octobre qu'eut lieu la cession occulte de la *Victoire* à M. Lalou : le traité porte les dates des 14 et 15 octobre 1887, Bordeaux et Paris. Ce traité vient d'être produit dernièrement en justice devant le tribunal civil de Bordeaux, dans un procès que M. Mauriac, commanditaire de M. Aimelafille, avait dû lui intenter en restitution des sommes avancées. M. Aimelafille a perdu et a été condamné à rembourser 9,000 francs à M. Mauriac. Ce traité a été produit par M. Aimelafille; il était dans le dossier de Me Garrau, son avoué ; il a été signifié à M. Mauriac, qui l'a, à son tour, déposé dans le dossier de son avoué, Me Mimoso. Ce traité a été dans les mains de l'avocat de M. Aimelafille et dans celles de Me Chartrou, l'avocat de M. Mauriac. Ce traité a été produit, lu, commenté, devant le tribunal, en audience publique..... et soigneusement sténographié par des amateurs de curiosités. Il a fait partie des pièces remises aux juges, il a été examiné par eux.

Nous sommes donc en présence d'un document connu, publié pour le monde du Palais, mais qui ne l'est pas encore pour le monde des électeurs. C'est une lacune à combler.

Nous reproduisons le traité Aimelafille-Lalou en son entier, malgré ses dimensions. C'est une merveille dont chaque ligne, chaque mot est à retenir. Chaque clause suinte la honte et l'infamie de la plus basse servilité. On peut y voir ce qu'un Aimelafille est capable de faire pour 250 francs par mois; et, jugeant l'acte, juger l'homme.

Entre les soussignés :

M. Charles Lalou, agissant au nom et en qualité de président du Conseil d'administration de la « Société anonyme du journal *la France* » dont le siège est à Paris, 144, rue Montmartre, en même temps que comme administrateur directeur dudit journal, d'une part ;

Et M. Henri Aimelafille, dit Henri Aimel, publiciste, propriétaire du journal *la Victoire* et le *Petit Bordelais*, demeurant à Bordeaux, rue Cabirol, 11, d'autre part ;

A été dit et convenu ce qui suit :

M. Henri Aimelafille, dit Henri Aimel, vend et cède à M. Charles Lalou pour entrer en jouissance le 1er novembre prochain, l'entière propriété et la libre disposition des journaux *la Victoire* et *le Petit Bordelais*, s'imprimant et paraissant à Bordeaux, ensemble les clientèle, abonnements, annonces, bulletin financier, etc., etc., appartenant à chacun de ces deux journaux.

Cette vente est faite et acceptée nette de toutes charges et de dettes, sous les deux traités dont il va être parlé ci-après, moyennant la somme de quarante-sept mille francs (47,000) payables par mensualités de 500 francs pour le premier paiement, être effectué le 30 novembre prochain.

Pour faciliter certains règlements, M. Charles Lalou consent à remettre à M. Henri Aimelafille, dit Henri Aimel, à l'entrée en jouissance, dix mille francs (10,000) de valeurs à quatre-vingt-dix jours, souscrites par M. Lalou en sa qualité de président du Conseil d'administration de la « Société anonyme du journal *la France*, » à l'ordre de M. Henri Aimelafille, dit Henri Aimel, par ledit M. Lalou en sa qualité privée, étant entendu que la moitié de ces valeurs seront payables à l'échéance du 31 janvier prochain et cinq mille francs (5,000) renouvelés au 30 avril 1888. Cette somme de dix mille francs, réglée en valeurs comme il vient d'être dit, sera applicable aux vingt dernières mensualités de 500 francs, c'est-à-dire à celles du 31 janvier 1891 au 31 août 1893.

Pour le complément du prix d'achat, soit trente-sept mille francs, il sera remis à M. Henri Aimelafille, dit Henri Aimel, par M. Lalou, lors de l'entrée en jouissance, soixante-quatorze valeurs de 500 francs chacune, payables mensuellement pour la première à venir à l'échéance du 30 novembre prochain ; la suivante à celle du 31 décembre de la même année, et ainsi de suite jusqu'au 31 décembre 1893.

Moyennant le prix indiqué de quarante-sept mille francs (47 000), M. Henri Aimelafille, dit Henri Aimel, garantit en même temps que l'entière propriété des journaux *la Victoire* et *le Petit Bordelais*, la continuation du traité passé entre M. Jacquinot, agissant en sa qualité d'administrateur fondé de pouvoirs de la « Société des journaux *la Victoire* et *le Petit Bordelais* » et la Société des annonces de l'Agence Havas de Bordeaux, en date du 14 août 1885 pour la régie des annonces de ces deux journaux.

En outre de la cession de ces deux journaux dont il vient d'être parlé, M. Henri Aimelafille, dit Henri Aimel, vend à M. Charles Lalou ès-noms et qualités, le matériel typographique servant à la composition des journaux *la Victoire* et *le Petit Bordelais*, consistant en caractères, casses et marbres, qui sera inventorié et estimé par deux experts choisis, l'un par M. Lalou, l'autre par M. Henri Aimelafille, dit Henri Aimel.

Dans le cas où ces deux experts ne pourraient se mettre entièrement d'accord, ils en choisiront un troisième pour les départager. Le paiement de la somme fixée pour la valeur de ce matériel, estimé comme il vient d'être dit, se fera payable en six mensualités, des 31 janvier 1894 au 31 juillet de la même année.

Par ces mêmes présents, il est aussi entendu que M. Henri Aimelafille, dit Henri Aimel, continuera à rédiger les journaux *la Victoire* et *le Petit Bordelais* avec le titre de rédacteur en chef, **mais M. Lalou en dirigera la politique et l'administration comme bon lui semblera.**

**Aucune liste électorale ne pourra être arrêtée ni aucun candidat choisi ou patronné, sans l'assentiment de M. Lalou.**

Pour sa collaboration aux journaux *la Victoire* et *le Petit Bordelais*, il sera alloué à M. Henri Aimelafille, dit Henri Aimel, du jour de l'entrée en jouissance, une somme de deux cent cinquante francs par mois et une part du bénéfice égale à la moitié de ceux annuels accusés par les registres d'exploitation des deux journaux. M. Henri Aimelafille, dit Henri Aimel, déclarant s'en rapporter aux états qui lui seront fournis sans pouvoir prétendre à aucun droit de contrôle ou d'ingérence dans l'administration de ces deux journaux.

En plus des émoluments indiqués, il est entendu que tout le temps qu'il collaborera d'une façon active aux deux journaux *la Victoire* et *le Petit Bordelais*, M. Henri Aimel aura droit à une partie des faveurs afférentes à ces deux journaux et généralement accordées par les Compagnies de chemins de fer, tramways et théâtres, sans que jamais M. Henri Aimelafille, dit Henri Aimel, soit en droit d'en réclamer plus de la moitié à M. Lalou, qui en sera le seul détenteur.

M. Henri Aimelafille, dit Henri Aimel, prendra aussi à partir du 15 courant, une part de collaboration au journal *la France;* cette part de collaboration sera spécialement affectée à des articles quotidiens de politique et d'intérêt locaux et régionaux qui seront signés du pseudonyme de Jacques Voland **ou tout autre qui serait indiqué par *M.* Charles Lalou.**

Restant entendu que ces articles seront écrits dans la ligne politique **actuelle** du journal *la France* **ou dans celle qui serait adoptée**, et, avant leur insertion, être **soumis à M. Lalou** ou à tel représentant qu'il désignerait.

Pour sa part de collaboration au journal *la France*, il sera alloué à M. Henri Aimelafille, dit Henri Aimel, une somme de deux cent cinquante francs par mois

Dans le cas où M. Lalou **se priverait** pour une raison quelconque, à quelque moment que ce soit, de la collaboration de M. Henri Aimelafille, dit Henri Aimel, ce dernier aura droit à une indemnité de quinze cents francs (1,500), si sa collaboration seulement à *la France* lui est supprimée, et de trois mille francs (3,000) si M. Lalou se privait de la collaboration de M. Henri Aimelafille, dit Henri Aimel, dans les trois journaux : *la Victoire, le Petit Bordelais* et *la France.*

La part de bénéfice prévue en faveur de M. Henri Aimelafille, dit Henri Aimel sur les produits nets de l'exploitation des journaux *la Victoire* et *le Petit Bordelais* serait annulée par le paiement de l'indemnité ci-dessus stipulée et M. Aimelafille n'aurait droit a aucun partage dans les bénéfices de l'exercice en cours.

S'il convenait à M. Charles Lalou de cesser l'exploitation des deux journaux *la Victoire* et *le Petit Bordelais*. M. Henri Aimelafille, dit Henri Aimel, ne pourrait réclamer le paiement d'aucune indemnité quelconque pour cessation de collaboration moyennant le paiement des indemnités dont il vient d'être parlé.

M. Henri Aimelafille, dit Henri Aimel, **s'interdit de collaborer, d'une façon quelconque, sous son nom ou sous son pseudonyme**, pendant au moins une année, dans aucun autre journal publié dans le département de la Gironde, à partir du jour où il cesserait sa collaboration.

Dans le cas où M. Henri Aimelafille, dit Henri Aimel, cesserait sa collaboration dans les trois journaux, il n'aurait droit à aucune indemnité et ne pourrait néanmoins collaborer à aucun autre journal publié dans le département de la Gironde, pendant une année, comme il vient d'être dit.

M. Henri Aimelafille, dit Henri Aimel, déclare être seul propriétaire des journaux *la Victoire* et *le Petit Bordelais* et n'être lié par aucun autre traité que celui avec la Société des annonces de l'Agence Havas de Bordeaux, dont il a été parlé pour la régie des annonces des deux journaux dont il s'agit, et un autre passé à MM. Bellier et Cie, imprimeur à Bordeaux, en date du 29 février 1887 pour l'imprimerie de ces deux journaux.

Les frais d'enregistrement des présents et des doubles droits en cas de difficultés, seront à la charge de celle des parties qui succombera.

Fait en double expédition, à Paris, le 15 octobre 1887, pour M. Lalou, et à Bordeaux, le 14 octobre 1887, pour M. Henri Aimelafille, dit Henri Aimel.

Lu et approuvé,

Signé : **Henri AIMEL.** Signé : **Charles LALOU.**

Telles sont, *textuellement reproduites*, les clauses de ce traité monstrueux.

---

## Les conséquences de la vente. — La duplicité de M. Aimelafille.

La vente devait être tenue secrète : c'était l'intérêt des deux parties. Et, pour laisser ignorer ce traité, on ne change rien dans le mode de fonctionnement de la *Victoire*.

Même local, même administration particulière, même rédaction spéciale, ligne politique différente de celle de la *France*. Aux yeux de tous, M. Aimelafille est le seul maître de son journal, seul rédacteur en chef et directeur politique, concurrent et au besoin adversaire de la *France*, soutenant même de temps à autre, pour mieux amuser la galerie, des opinions diamétralement opposées dans les deux journaux. C'est ainsi, par exemple, que lorsque Jules Guesde vint faire une conférence à Bordeaux, on a vu, le même jour, la *Victoire* faire l'apologie de Jules Guesde, tandis que la *France* l'éreintait consciencieusement.

Les deux articles étaient sortis du même encrier, payés par la même caisse : M. Aimelafille émet facilement deux opinions contraires à la fois.

Lors de l'élection sénatoriale de M. Caduc, n'avait-il pas trouvé moyen d'écrire, de la même feuille de papier, deux articles opposés : dans l'un, destiné au *Petit Bordelais*, il disait : « Votez pour Caduc ! » et dans l'autre, destiné à la *Victoire*, il disait : « Ne votez pas pour Caduc ! »

Lors des élections municipales, on a vu M. Aimelafille faire semblant de soutenir, dans les délibérations des comités, des candidats radicaux en opposition à ceux que la *France* patronnait, pour arriver finalement, sous prétexte d'entente, à évincer les susdits radicaux au profit des candidats de la *France*.

C'est le vieux jeu des deux prédicateurs, l'un se faisant l'avocat du Diable et l'autre l'avocat de Dieu. Les deux compères ont l'air de disputer, alors que questions et réponses sont réglées d'avance. Il va sans dire, qu'au moment décisif, l'avocat du diable s'avoue battu.

Ce moment-là, pour M. Aimelafille, c'était l'ouverture de toute période électorale. Il allait alors, rasant les murailles et profitant de l'obscurité, chercher les candidats et l'ordre écrit et spécial de M. Lalou de soutenir tel ou tel.

Et voyez la conséquence d'un pareil engagement : si, au 14 juillet, M. Lalou eût été décoré, il eût abandonné le boulangisme : l'évolution avait été préparée. Il n'aurait plus combattu les candidats républicains et, par suite, M. Aimelafille, oui, M. Aimelafille en personne, eût dû soutenir M. Raynal !

Et ne doutez pas qu'il n'eût trouvé d'excellentes raisons pour le faire !

Dans les cas urgents, il recevait, par dépêche, l'ordre de se rendre à Paris pour recevoir des instructions.

Ah ! on voulait laisser croire aux électeurs qu'il y avait un journal bordelais indépendant et un journaliste ne relevant que de lui-même et de l'opinion publique ayant l'honneur de représenter le parti radical bordelais ?...

Eh bien ! non ! secrètement, le journal avait été vendu ! Traîtreusement, le journaliste avait livré sa conscience politique ! Et, nouveau Judas, il avait trahi et vendu, moyennant un prix déterminé, le parti radical bordelais !

Qu'un journal soit vendu au grand jour ; qu'un journaliste passe d'une feuille dans une autre feuille de même nuance, rien de plus naturel.

Mais qu'un journal soit vendu, par traité secret, à un adversaire politique ; que le rédacteur de ce journal (qui feint d'être toujours indépendant dans la *Victoire*, pour être toujours suivi et pour mieux livrer le troupeau radical) aille en cachette toucher, chaque mois, à la caisse de la *France*, le prix de sa trahison, cela est inadmissible !...

Que, poussant le cynisme jusqu'au bout, ce journaliste, qui s'appelle Henri Aimel dans la *Victoire*, aille dans la

*France*, avec la mêmeplume, la même encre, la même feuille de papier, soutenir une politique différente sous le nom imposé de Jacques Voland ! ceci est une trahison !

C'est M. Lalou qui était l'entreteneur secret de la *Victoire* et de M. Aimelafille !

La *France* traînait à sa remorque le journal radical et son rédacteur, qui avait bien soin de cacher le lien d'argent qui l'enchaînait.

—

## Les motifs de l'opération pour M. Lalou.

L'opération de « l'homme d'affaires » Lalou est bien simple :

La *France*, en arrivant à Bordeaux, avait la *Victoire* pour concurrente. Cette dernière avait une clientèle peu nombreuse, mais fidèle : le parti radical. Sans doute, le journal de M. Aimelafille n'était pas très puissant, mais il eût pu, à un moment donné, être pris et relevé par des capitalistes ou un grand journal de Paris, la *Lanterne*, par exemple.

Cela pouvait devenir dangereux...

La *Victoire* et son rédacteur étaient à vendre : M. Lalou les acheta.

Restaient deux solutions : 1° supprimer purement et simplement la *Victoire* ; 2° la subventionner pour la faire vivre et tenir le parti radical en laisse.

C'est à cette dernière résolution qu'on s'arrêta.

La *Victoire* supprimée, le parti radical se trouvait sans organe, et comme il ne pouvait se servir de la *France*, il eût créé un autre journal. Le but eût été manqué.

Mais la *Victoire*, achetée par traité secret, subventionnée à l'insu de tous, son rédacteur M. Aimelafille entretenu en cachette, c'était la place toujours occupée, ne permettant pas la création d'une autre feuille radicale. De plus, c'était le parti radical, vendu à son insu, de telle sorte qu'en croyant suivre la *Victoire*, il obéissait au mot d'ordre de Charles Lalou, qui, lui-même, le prenait près du caissier du comte Dillon.

Seulement, il fallait trouver un journaliste capable d'une telle infamie.

M. Henri Aimelafille s'en chargea.

M. Aimelafille n'est pas plus un journaliste qu'il ne peut être un député. C'est un mort politique, qui ne peut aujourd'hui représenter personne autre que « l'homme d'affaires » Lalou, qui l'a acheté et qui lui paie ses gages.

Il s'est engagé à n'avoir d'autre ligne politique que celle qui lui serait indiquée par M. Lalou, quelle qu'elle soit. Il ne saurait, par suite, émettre à la Chambre un vote, sans sa permission.

Cet homme n'était véritablement pas dans les conditions voulues pour recevoir et exercer un mandat. La loi n'autorise pas les domestiques à remplir les modestes fonctions de conseiller municipal, sous prétexte qu'ils n'auraient pas l'indépendance suffisante, ne pouvant servir deux maîtres à la fois : le corps électoral et le patron qui les paie.

Le cas de M. Aimelafille est si extraordinaire qu'il n'a pas été prévu. Mais ce député qui, en vertu d'un engagement écrit, rédigé dans les formes les plus humiliantes, se trouve en état de domesticité, matériellement et moralement, ne peut en vérité posséder le droit de manifester une opinion personnelle, ni par écrit ni par vote. Logiquement, il devrait conformer l'un à l'autre : n'ayant pas la liberté de ses écrits, il ne peut avoir celle du vote.

Le député boulangiste est à gages et dans des conditions de servilité invraisemblable : il est moins libre qu'un domestique qui, lui, n'aliène que son corps. M. Aimelafille a aliéné ce que l'homme a de plus sacré : son libre arbitre. Il a vendu sa conscience politique. Il n'a plus le droit de penser, d'écrire et de voter que par l'intermédiare de celui qui le paie pour cela, M. Lalou.

Et maintenant, que l'on dise si la question de l'*Express* était une diffamation et si l'*Express* ne pouvait pas, le 4 octobre, s'exprimer ainsi qu'il suit.

---

## CONCLUSION

*Oui, M. Aimel est lié par un traité secret avec M. Lalou; cette vente de la* Victoire *a eu lieu sous la condition expresse qu'elle serait tenue secrète afin que les radicaux crussent toujours qu'ils avaient, comme par le passé, à leur disposition, un organe radical (la* Victoire*) et un journaliste indépendant (M. Aimelafille).*

*Cependant, M. Aimel s'est engagé dans ce traité à ne pas écrire dans la* Victoire *une ligne sans en avoir reçu l'agrément de « l'homme d'affaires Lalou » ou de son représentant à Bordeaux, l'administrateur de la* France.

*Le prix de cette vente de la conscience politique de M. Aimel et de cette trahison du parti radical borde-*

*lais (livré ainsi à son insu à la* France) *est fixé à* **deux cent cinquante francs par mois** *— les trente deniers de Judas — touchés par M. Aimel pour faire, sur commande, des articles radicaux dans la* Victoire, *tandis qu'il touche pareille somme pour faire des articles d'une nuance opposée dans la* France, *en se cachant sous le nom de Jacques Voland.*

NOTA. — M. Aimelafille a seul vendu la *Victoire* à M. Lalou. Il avait obtenu de ses commanditaires l'abandon pur et simple de leur droit de propriété, sous le prétexte que la *Victoire* perdait de l'argent : à ce moment, il avait en poche le traité de vente à M. Lalou. Mais on avait omis de faire signer cette cession par M. le docteur Mauriac : de là, son procès récent avec M. Aimelafille, où il réclama et obtint sa part du prix de vente dont M. Aimelafille avait essayé de le frustrer.

## QUATRIÈME PARTIE

# LA DÉFENSE DE M. AIMELAFILLE

### Les arguments de M. Aimelafille.

Au milieu du fatras des grossièretés, des échappatoires, des raisonnements biscornus que M. Aimelafille nous a offerts pour sa défense, il est de notre devoir d'adversaires loyaux de rechercher avec soin les arguments invoqués par le député boulangiste à l'encontre de nos accusations et de nos preuves.

Ces arguments ne sont pas nombreux.

Et ils ne sont pas plus probants que nombreux.

Ils ont été rassemblés et publiés dans la *France* du jeudi 20 février 1890, sous ce titre : *les Diffamateurs convaincus de mensonge.*

Ils se composent :

1° D'une note de M. Clémenceau, parue dans la *Justice* du 17 février à la suite d'une lettre de M. Aimelafille à M. Clémenceau.

2° D'une lettre de M. Georges Méran.

3° De deux lettres de M. Gilbert-Martin.

Nous y ajouterons, par charité, le seul article où M. Aimelafille mêle un peu de logique — absolument fausse, d'ailleurs — à beaucoup de gros mots, publié dans la *France* du mardi 28 février, sous le titre : *Directeur et Rédacteurs.*

Nous allons successivement passer en revue ces lettres ou articles avec les arguments qu'ils s'imaginent contenir. Beaucoup mieux que nous encore, le lecteur en saisira la faiblesse et la nullité.

## La note Clémenceau.

M. Aimelafille avait essayé de se justifier dans la *France de Paris* et dans la *France du Sud-Ouest* de la demande de décoration.

Dans la *France de Paris* il avait écrit textuellement :

Quant à moi, jamais je ne fis, pour obtenir la croix, aucune démarche, soit écrite, soit verbale.

Et dans la *France du Sud-Ouest* il avait écrit, non moins textuellement :

Jamais je n'écrivis ni ne parlai à M. le Ministre Goblet, **ni à aucun** autre, pour lui demander soit la croix, soit une faveur quelconque.

Mais il fallait soutenir ces audacieux mensonges par un témoignage autorisé.

Donc, à la date du 16 février 1890, M. Aimelafille écrivit à M. Clémenceau une lettre platement flatteuse et faisant singulièrement contraste avec les attaques constantes qu'il dirige contre le directeur politique de la *Justice* (1).

Mais il fallait faire patte de velours pour obtenir un certificat difficile à délivrer.

Et M. Aimelafille, doucereux, supplie le « galant homme et l'homme d'honneur » — c'est ainsi qu'il qualifie dans sa lettre M. Clémenceau — de répondre à la question suivante :

Vous pouvez dire si j'ai jamais participé, **soit par écrit, soit verbalement**, à aucune de ces démarches en vue d'obtenir la croix de la Légion d'honneur.

Et M. Clémenceau répond aussitôt par cette note courte mais dure :

Je ne puis refuser de donner à M. Aimel la satisfaction qu'il désire.

**Sur sa demande** et sur celle de MM. Achard, Méran, Gilbert-Martin, j'ai recommandé sa candidature à la croix de

---

(1) Au hasard, dans le tas, nous citons quelques-unes des mille aménités offertes à MM. Clémenceau et Pelletan par M. Aimelafille dans ses *Lettres d'un député* à la *France du Sud-Ouest*.

Si, à ce coup de théâtre, vous aviez vu les têtes des opportunistes! Elles étaient à peindre. Clémenceau, toujours au banc des ministres, était soudain devenu grave comme s'il avait un portefeuille sous le bras, et Pelletan, recoquillé sur son banc, ne bougeait plus.

Et dans une autre lettre du 28 novembre 1889 :

Alors, ce fut un délire. Il y eut des opportunistes qui y allèrent de leur vieille larme de Tolède. Clémenceau, assis au banc des ministres — petite jouissance gratuite qu'il se paie fréquemment — claquait des mains comme s'il applaudissait une danseuse, et Pelletan, embroussaillé dans ses cheveux, se tordait comme un ver coupé.

la Légion d'honneur. **M. Aimel était alors républicain.**

De conditions, il ne pouvait en être question.

Donc, c'est **sur la demande** de M. Aimelafille, alors que M. Aimelafille était républicain, que M. Clémenceau a demandé la croix.

Quant à la question d'évolution vers la politique ministérielle, dont **il ne pouvait être question avec M. Clémenceau**, M. Aimelafille s'était chargé de la proposer lui-même dans son article : « AVIS AU MINISTÈRE », qu'on a lu plus haut, aux preuves de la quatrième question.

---

**Les lettres de MM. Méran et Gilbert-Martin.**

Au courant de ce volume, on a pu voir quelle était la nature des relations entre M. Aimelafille et MM. Méran et Gilbert-Martin.

Si M. Aimelafille n'était une merveille d'impudence, il y aurait lieu de s'étonner de sa mauvaise plaisanterie. Prendre pour juges de ses actes ceux qui en furent les complices est le fait d'un mauvais plaisant ou d'un fou.

Et nous aurions de la naïveté à parler davantage des certificats intéressés que l'honnêteté de M. Aimelafille s'est fait décerner — à défaut d'autres plus sérieux — par les deux hommes qu'on a vu jouer un rôle, à côté de leur ami et associé Aimelafille, dans tous les actes qui lui sont reprochés.

Il est plus que probable, d'ailleurs, que ces lettres ont été obtenues sur les pressantes sollicitations de M. Aimelafille et rédigées sous sa dictée. Ses deux anciens associés ne pouvaient guère lui refuser ce service : la compromission avait été commune.

M. Méran avait à défendre les combinaisons qui avaient fait l'objet de sa correspondance.

Quant à M. Gilbert-Martin, qui s'était également prêté à la vente Wilson, il sentait le besoin de se défendre luimême. Et s'il n'avait accédé aux sollicitations de son ancien associé Aimelafille, il eût dû obéir aux ordres de M. Lalou, son directeur-propriétaire, avec lequel lui aussi a un traité, pour la vente du *Don Quichotte* qu'il lui a consentie.

Voilà toute la défense de M. Aimelafille sur les questions de la vente à Wilson et de la décoration.

Il ne souffle mot sur les subsides mendiés à Clémenceau et à l'Etat.

Il reste également muet sur la trahison du parti radical en faveur de la Boulange.

Voyons maintenant les raisons qu'il invoque pour tenter d'atténuer le traité de vente à M. Lalou.

---

**Directeur et rédacteurs. — Le traité Lalou.**

Dès que les termes infamants du traité Aimelafille-Lalou furent connus de la presse parisienne par le procès qui se déroulait à Bordeaux, une véritable indignation se manifesta dans le monde du journalisme. Sans distinction d'opinion, les feuilles de toutes les nuances protestèrent, au nom de la dignité de la presse, contre les conditions souscrites par M. Aimelafille.

Ce traité, d'une forme inconnue jusqu'alors, qui fait du journaliste un être servile n'ayant plus la liberté de penser et d'écrire suivant sa conscience, fut dénoncé et flétri.

M. Aimelafille, sous le coup de cette réprobation, tenta de s'expliquer et de se défendre vis-à-vis de ses confrères. Voici les arguments de sa défense :

> Est-ce qu'il n'est pas naturel qu'un journaliste se conforme à la ligne politique du journal dans lequel il écrit soit pour ses articles politiques, soit pour le choix des candidatures à soutenir ?
>
> Est ce que le directeur n'est pas fait pour diriger et le rédacteur pour écrire ?
>
> Est-ce que pour cela l'indépendance du rédacteur est entraînée, et n'est-il pas toujours libre de se retirer si cela lui convient ?

Il ajoutait comme exemple : « qu'étant à la *Victoire* alors que M. Bord en était propriétaire, il s'était retiré parce qu'il n'avait pas voulu se plier à sa manière de voir ».

Il concluait en disant :

> Quoi de plus simple ? Quoi de plus naturel ?

Et dans un mémoire produit par lui au cours du procès, il écrivait, en parlant de son traité : **« C'est la condition indispensable de tout journaliste »**.

M. Aimelafille, suivant un procédé de polémique qui lui est habituel, racontait là des histoires de l'autre monde en escamotant complètement la question, c'est-à-dire le traité.

Oui ! sans doute, il est naturel qu'un rédacteur suive la ligne politique de son journal ; mais ce qui ne s'est jamais vu, c'est qu'un journaliste s'engage, *par écrit et d'avance*, à suivre la **« ligne actuelle du journal OU TELLE AUTRE qui serait adoptée par son patron, en prenant le pseudonyme de Jacques Voland OU TEL AUTRE qui lui serait indiqué** et à soumettre chacun de ses articles au visa de M. Lalou ou de son représentant ».

M. Aimelafille se réservait si peu le droit de se retirer, qu'il souscrivait d'avance aux changements de politique *quels qu'ils soient « s'interdisant de collaborer d'une façon quelconque, sous son nom ou sous son pseudonyme*, pendant une année au moins dans aucun autre journal du département de la Gironde.

M. Aimelafille, à l'appui de sa thèse, dit qu'en 1877 il a eu l'occasion d'abandonner la rédaction en chef de la *Victoire* parce qu'il s'était trouvé en désaccord politique avec M. Bord, qui en était alors propriétaire.

Le fait est absolument faux et bon à citer seulement à Paris, où M. Aimelafille n'avait pas à craindre de le voir relever. On trouvera plus loin, au *Chemin de la Croix*, des lettres de M. Bord qui expliquent que sa retraite n'avait rien à voir avec la politique. En outre, par une lettre à M. Divin et par une lettre de M. Counord, on verra que M. Aimelafille avait tout simplement quitté la *Victoire* parce qu'il croyait, au moment du Seize-Mai, qu'il pourrait entrer dans la rédaction de la *Gironde* ou de tout autre organe opportuniste.

Du reste, la ligne politique de la *Victoire, après le départ de M. Aimelafille*, loin de changer, resta si militante, lutta si énergiquement contre les hommes de l'ordre moral, que, *seule de tous les journaux de Bordeaux*, elle obtint les honneurs de l'amende et de la prison. Ce qui n'arriva point au *Bordelais*, journal dans lequel, à ce même moment, M. Aimelafille écrivait avec des allures aussi modérées que prudentes.

Mais le fait le plus grave du traité Lalou, celui qui est absolument indigne et qui a échappé à la presse parisienne (ne connaissant pas nos organes locaux et les partis politiques qu'ils représentent), c'est la clause concernant la rédaction de la *Victoire*.

La *Victoire* représente le parti radical avancé. C'est son seul organe. Et M. Aimelafille le vend à Lalou, à l'insu de tous; il reste le rédacteur en chef de ce journal, où il mène une politique différente de celle qu'il mène dans la *France*.

Les comités locaux se réunissent et M. Aimelafille luimême provoque ces réunions : on y discute l'attitude à prendre dans les différentes circonstances électorales; on y discute des candidatures; on choisit des noms.

Et toute cette comédie est pour tromper le parti radical, pour le trahir et lui faire faire le jeu de la *France*.

Honnêtes radicaux, allez, réunissez-vous, délibérez et faites votre choix; votez des décisions et désignez des candidats, tout cela n'est que pour vous amuser. M. Aimelafille, qui assiste à vos réunions ou les préside, sait à quoi s'en tenir, lui. Car il a en poche son traité dans lequel il est textuellement écrit : « M. Henri Aimelafille, dit Henri Aimel, continuera à rédiger les journaux *la Victoire* et *le Petit Bordelais* avec le titre de rédacteur en chef, **mais M. Lalou en dirigera la politique et l'administration comme bon lui semblera.**

**« Aucune liste électorale ne pourra être arrêtée ni aucun candidat choisi ou patronné, sans l'assentiment de M. Lalou ».**

Et lorsque M. Aimelafille vient nous dire : « Quoi de plus simple ? Quoi de plus naturel ? » on se demande si vraiment il est permis de se moquer des gens à ce point, ou s'il n'a pas lui-même perdu tout sens moral.

M. Aimelafille a osé écrire dans ses mémoires au Tribunal que son traité « c'est la condition indispensable de tout journaliste ».

C'est là une appréciation monstrueuse.

M. Aimelafille est le seul journaliste de France ayant signé un traité aussi avilissant.

Les lecteurs les plus fidèles de la *France*, ceux dont les oreilles ne peuvent entendre que cette cloche — qui sonne toujours faux sous la main de M. Aimelafille — n'ont pu s'empêcher de constater tout le piteux de la défense du vendu à M. Lalou.

Nous n'avons pas voulu en priver les lecteurs de ce volume qui jugeront de même ces essais ridicules d'une justification impossible.

---

## CINQUIÈME PARTIE

# LE PROCÈS

### A PROPOS DU COMPTE-RENDU

Nous empruntons à la *Gironde* le compte-rendu du procès de l'*Express*. C'est à tort que la *France* et le *Nouvelliste* ont prétendu que la presse n'avait pas le droit d'en rendre compte :

On lit en effet, à ce sujet, dans la *Gironde* du 14 février 1890 :

La *France* et son fidèle compagnon le *Nouvelliste* se dispensent de publier le compte-rendu du procès intenté par M. Henri Aimelafille au journal *l'Express*, sous le prétexte que la loi de 1881 sur la presse interdit ce compte-rendu.

Nous admirons ce scrupule, surtout de la part de gens dont les amis ne se gênent pas pour dire qu'ils renverseront la Constitution par tous les moyens ; mais nous ne pouvons nous empêcher, nous qui sommes profondément respectueux de la loi, de faire remarquer que, si nous n'avons pas éprouvé le même scrupule, c'est qu'il n'est pas fondé le moins du monde.

Voici, en effet, le texte de l'article de la loi de 1881 relatif à l'espèce :

« Article 39. Il est interdit de rendre compte des procès en diffamation où la preuve des faits diffamatoires n'est pas autorisée. La plainte seule pourra être publiée par le plaignant. Dans toute affaire civile, les cours et tribunaux pourront interdire le compte-rendu du procès. Ces interdictions ne s'appliqueront pas aux jugements, qui pourront toujours être publiés. »

Or, hier, la première chambre du tribunal civil de Bordeaux n'a pas prononcé l'interdiction visée par l'article 39. Donc, le compte-rendu de l'affaire était permis, et l'argumentation de nos confrères tombe à faux.

Mais, au fait, leur discrétion tout à fait exceptionnelle est-elle bien dictée par l'amour d'une légalité contre laquelle on prêche chaque jour la révolte? Ne viendrait-elle pas plutôt du désir de ne pas mettre sous les yeux de leurs lecteurs les documents significatifs lus à l'audience par Me Bertin, défenseur de l'*Express*, et que nous reproduisons, nous, parce que nous avons le devoir d'éclairer l'opinion sur la moralité et la sincérité politiques des hommes publics, notamment de ceux qui ont l'honneur immérité de représenter leurs concitoyens à la Chambre des députés?

# TRIBUNAL CIVIL DE BORDEAUX

(PREMIÈRE CHAMBRE)

*Audience du mercredi 12 février 1890.*

# LES PLAIDOIRIES

Cette après-midi, est venu devant les juges de la première Chambre du Tribunal Civil, présidée par M. Calmon, président, et devant un auditoire composé d'une partie de l'état-major boulangiste et de nombreux républicains venus pour s'éclairer sur la moralité de M. Aimel, le procès que le député provisoire de la deuxième circonscription de Bordeaux a intenté au journal *l'Express*, qui, au cours de la dernière période électorale, se permit de lui poser un certain nombre de questions indiscrètes.

### Les conclusions de Me Bertin,

Défenseur de l'*Express*.

Nos lecteurs auront une idée suffisante de la cause en lisant les conclusions très précises lues au début de l'audience par Me Bertin fils, défenseur de l'*Express* :

Attendu que le tribunal est saisi de deux actions : l'une formulée par acte en date du 5 octobre 1889, et visant des manœuvres électorales ; l'autre, par acte en date du 13 novembre 1889, visant la diffamation et la loi de 1881 ;

Attendu que ces actions ont été jointes à tort et qu'il y a lieu de disjoindre pour qu'il soit statué par jugement séparé ;

Attendu que la première en date est une action en réparation civile du préjudice causé par suite des publications faites au cours de la période électorale, en vue même de l'élection ;

Que le demandeur y sollicite la preuve des faits publiés par le journal *l'Express* ;

Qu'en effet, l'*Express*, dans son numéro du 3 octobre 1889, avait, sous forme de questions, demandé :

1° « Si M. Aimelafille, après avoir attaqué le tripoteur Wilson dans son journal, n'était pas entré en relations avec lui, n'avait pas mis sa main dans sa main et tenté à diverses reprises de lui vendre sa plume ; »

2° « Si M. Aimelafille n'avait pas mendié auprès du ministère Goblet la croix de la Légion d'honneur, la *Victoire* devant, en échange, devenir ministérielle ; »

Attendu que des questions ainsi posées, il semblait résulter que le journal *l'Express* était informé que ces faits étaient vrais ;

Que les concluants en offrent la preuve ;

Que ces faits, au surplus, sont établis par une série de documents autour desquels M. Aimelafille lui-même a fait de la publicité ;

Que ces documents sont, en effet, dans le domaine public, ont été publiés et même exposés publiquement, photographiés qu'ils étaient;

Attendu que ces faits, *relatifs à la vie de l'homme public*, étaient des éléments nécessaires de discussion en période électorale ;

Qu'ainsi Aimelafille, candidat à la haute situation de député de Bordeaux, ne saurait s'en plaindre et ne peut s'en prendre qu'à lui-même des blessures auxquelles son passé l'exposait,

Que s'il a trouvé des électeurs qui ne s'en sont pas inquiétés pour lui donner leur voix, il serait mal venu à se montrer plus difficile qu'eux ;

Attendu au surplus qu'il n'y a eu dans ces publications que l'usage d'un droit dont tout électeur pouvait se prévaloir pour éclairer le corps électoral sur la valeur morale du candidat ;

Qu'ainsi les concluants ne sauraient être tenus à aucuns dommages-intérêts;

Attendu sur l'action visant la loi de 1881 :

Que cette action repose évidemment sur les faits plus haut discutés, l'assignation n'en relevant pas d'autres ;

Qu'elle est non recevable;

Par ces motifs,

Il plaira au tribunal :

Disjoindre les causes introduites suivant actes du 5 octobre et du 13 novembre 1889.

Statuant par jugement séparé sur chacune d'elles :

Dire sur l'action introduite par acte en date du 5 octobre 1889, qu'il n'a été commis aucun excès dans la période électorale visée;

Déclarer en conséquence Aimelafille non recevable et mal fondé dans sa demande, l'en débouter et le condamner aux dépens ;

Subsidiairement :

Admettre le concluant à prouver tant par titres que par témoins :

1° Que M. Aimelafille, après avoir attaqué le tripoteur Wilson dans son journal, est entré en relations avec lui, et a tenté à diverses reprises de lui vendre sa plume ;

2° Que les délégués de M. Wilson étant venus à Bordeaux dans les premiers jours de mars 1885, un banquet leur fut offert à l'hôtel Nicolet, auquel assistaient M. Aimelafille et plusieurs amis, banquet dans le cours duquel il fut surtout question de la vente des journaux, affaire que M. Aimelafille suppliait les envoyés de M. Wilson de faire aboutir au plus tôt ;

3° Qu'à la même époque, toujours accompagnés par M. Aimelafille, les délégués de M. Wilson procédèrent à l'inspection du matériel, de la comptabilité et de tout ce qui constituait l'exp'oitation et l'administration tant du journal *la Victoire* que du journal *le Petit Bordelais*;

4° Que M. Aimel, après l'avortement des combinaisons Wilson, a sollicité auprès des chefs du radicalisme et du gouvernement lui-même des faveurs, places ou subsides pour ses associés ou son journal;

5° Que M. Aimel a mendié auprès du ministre Goblet la croix de la Légion d'honneur; en échange, la *Victoire* serait devenue ministérielle

6° Que M. Aimel — places, subsides et décorations n'arrivant pas — a renié le radicalisme pour le boulangisme;

7° Que M. Aimel est lié par un traité avec celui qu'il appelait lui-même « l'homme d'affaires Lalou », et qu'il a ainsi vendu sa conscience politique et le parti radical;

Pour ladite preuve rapportée être par les parties requis et par le Tribunal statué ce que de droit;

En ce cas, réserver les dépens;

Déclare, sur la seconde action introduite par acte du 13 novembre 1889, que ladite action est non recevable et mal fondée; en débouter le sieur Aimelafille et le condamner aux dépens

### Plaidoirie de Mᵉ Roy de Clotte,

Avocat de M. Aimelafille.

Mᵉ Roy de Clotte prend le premier la parole et se présente pour M. Henri Aimelafille, tout en se défendant avec force de toute solidarité politique avec son client.

L'honorable défenseur, prévoyant l'argumentation de Mᵉ Bertin fils, cherche à atténuer les faits dans leurs conséquences, sans oser toutefois contester leur matérialité, non plus que l'authenticité des pièces. Il en donne lui-même lecture et cherche par des artifices de parole plus ou moins habiles à en diminuer la portée.

### Plaidoirie de Mᵉ Bertin fils,

Avocat de l'*Express*.

Mᵉ Bertin fils prend la parole.

Après avoir protesté contre les dernières paroles de Mᵉ Roy de Clotte, qui donneraient à entendre que le défenseur de l'*Express* pourrait se laisser entraîner peut-être par la passion politique, et déclare qu'il ne reçoit de conseil que de sa conscience, Mᵉ Bertin fils se reporte à l'époque si mouvementée de la dernière période électorale.

Il fait passer à nouveau sous les yeux des magistrats les questions catégoriques que l'*Express* posa très carrément à celui qui n'était alors que le candidat boulangiste de la deuxième circonscription.

Il rappelle aussi la belle colère de M. Aimelafille lorsque parut le numéro de l'*Express* contenant la liste des articulations que l'on sait et le placard dans lequel il déclarait qu'il assignait le journal en question devant le Tribunal Civil, où, « par pièces et témoins, il prouvera son accusation ». « S'il la prouve, disait encore M. Aimelafille, je m'engage sur l'honneur à donner immédiatement ma démission, si je suis élu. »

Me Bertin signale encore la prudence et la ténacité très remarquables avec laquelle le candidat de la deuxième circonscription refusa le jury d'honneur qui lui était proposé par l'*Express*, et dont les membres seraient choisis en partie parmi les membres de son propre Comité.

Me Bertin examine ensuite la première articulation de l'*Express :*

M. Aimel, après avoir attaqué le tripoteur Wilson dans son journal, n'est-il pas entré en relations avec lui ; n'a-t-il pas mis sa main dans sa main et tenté à diverses reprises de lui vendre sa plume ?

Ici commence la série des documents instructifs. Dès 1882, la *Victoire* attaque vivement M. Wilson, et, dans un article du 21 septembre 1883, poursuivant sa campagne, M. Aimelafille parlait en termes méprisants de « ce Wilson encombrant les affaires publiques de sa personne, furetant dans les secrets du Conseil, ouvrant les tiroirs des ministères, et trouvant en plus d'une occasion le moyen de compromettre M. Grévy ».

M. Aimelafille fait notamment allusion à l'abus que fit M. Wilson du sceau de la présidence pour affranchir ses circulaires, et qu'il qualifie justement de « scandale ».

Enfin, le 19 août 1883, M. Aimelafille demandait « qu'il y eût entre les hommes politiques et les agents d'affaires un infranchissable abîme, et que la Bourse ne fût pas une succursale occulte, trop souvent fréquentée, du Palais-Bourbon ».

Or, continue Me Bertin, le 21 août 1884, M. Aimelafille, après avoir ainsi affirmé son opinion sur M. Wilson, cherchait à faire aboutir une combinaison financière avec lui pour la vente de la *Victoire* et du *Petit Bordelais*. Une lettre, écrite par M. Aimelafille et adressée à un ami, fait preuve de cette démarche, et cette lettre contient le passage suivant, qui est caractéristique :

... Wilson rentre dans l'expectative, et, grâce aux relations étroites qui le lient avec Achard, se trouvera être pour nous, le cas échéant, un homme avec qui FINANCIÈREMENT on pourra s'entendre le jour où nous voudrons convertir l'entreprise. Ceci est dans les choses futures, mais c'est une éventualité qu'il faut PRÉVOIR ET MÉNAGER.

Les négociations préliminaires ayant été rondement menées, un nouvel échange de lettres a lieu entre M. Laffont, alors secrétaire particulier de M. Wilson, et M. Jacquinot qui, mandataire de M. Aimelafille, poursuit la réalisation des projets entamés.

M. Laffont ayant fixé la date de sa venue à Bordeaux, M. Jacquinot lui écrit, à la date du 4 février 1885 :

... Je viens vous demander si, sans retarder les décisions qui doivent être prises par les journaux *la Petite France*, *la Victoire* et *le Petit Bordelais*, vous pourrez remettre votre visite à Bordeaux au 19 ou 20 courant seulement.

Enfin, ces messieurs tant attendus arrivent dans notre ville, et, ajoute Mᵉ Bertin, un banquet, dont la preuve peut être faite par des témoins, a lieu à l'hôtel Nicolet. Entre la poire et le fromage, on y parle affaires.

Cependant, une conclusion n'intervient pas. Les mois se succèdent, les démarches deviennent plus pressantes, et, le 18 novembre 1885, M. Georges Méran, qui est le collaborateur financier de M. Aimelafille, écrit à M. Jacquinot une lettre dont le *post-scriptum* est ainsi conçu :

J'ai vu M. Laffont et lui ai parlé dans le sens que vous m'avez indiqué. Soyez sûr qu'il n'y a absolument rien à faire de ce côté.

Le 13 janvier 1886, une autre lettre de M. Méran :

J'ai vu M. Laffont et M. Wilson. Je leur ai parlé très sérieusement dans le sens que vous m'aviez dit autrefois. Ils ne disent pas non, mais ils ne disent pas oui, comme les Normands. On peut conserver un petit espoir, mais pas de sitôt.

En somme, l'affaire n'aboutit pas, et M. Henri Aimelafille, qui, guidé seulement par son intérêt personnel, avait cessé toute attaque contre M. Wilson, après l'avoir violemment malmené, entreprend une nouvelle campagne contre le gendre de M. Grévy. Ce qui le démontre notamment, c'est que le 21 septembre 1889, la *France* publiait en tête de sa Chronique électorale l'entrefilet suivant :

Il faut bien parler de la vie privée en un temps ou la vie publique de nos hommes politiques se confond si étroitement avec leur vie privée.

Faut-il citer M. Wilson, sur qui nos opportunistes, une fois qu'il a été abattu, se sont d'autant plus acharnés qu'ils espéraient en finir d'un coup avec les révélations scandaleuses. Mais, heureusement, le jour de la justice viendra aussi contre eux, les fameux 22,000 dossiers sortiront de leur poussière et les complices de Wilson, tous, tous, comparaitront devant la justice de notre pays.

Donc, poursuit Mᵉ Bertin, dont la logique est impitoyable, et dont l'argumentation, appuyée sur des lettres dont on ne saurait nier l'existence et le poids, intéresse très vivement les auditeurs, M. Aimelafille a tenté à différentes reprises de livrer à M. Wilson, « au tripoteur Wilson », ainsi qu'il l'appelait, les journaux *la Victoire* et *le Petit Bordelais*.

N'ayant pu réussir avec M. Wilson, M. Aimelafille, qui ne perd pas courage, tourne d'un autre côté ses secrètes espérances.

M. Lalou, « l'homme d'affaires Lalou », vient fonder à Bordeaux la *France*. Il achète la *Victoire* et le *Petit Bordelais*, et M. Aimelafille, tout disposé à renier ses anciens dieux, pourvu que cela rapporte, passe avec M. Lalou le traité dont Me Bertin donne lecture au milieu de l'attention générale, tandis que le député de la deuxième circonscription a des airs de saint Laurent sur le gril.

Est-ce que ne se trouve pas ainsi justifiée, continue Me Bertin, dont la voix est à ce moment couverte par les rires ironiques de l'auditoire maintenant tout à fait édifié, l'une des articulations, et non la moins sérieuse, de l'*Express*?

Mais, ce n'est pas tout : M. Aimelafille n'aurait-il pas, toujours d'après l'*Express*, mendié auprès du ministère Goblet la croix de la Légion d'honneur? En échange, la *Victoire* ne serait-elle pas devenue ministérielle?

Avant de donner lecture des lettres qu'il possède et qui jettent sur ce point du débat un jour tout particulier, Me Bertin offre au tribunal de prouver par témoins les démarches nombreuses qui ont été faites auprès du préfet de la Gironde afin de faire décorer M. Aimelafille.

Puis, entrant dans le détail de son argumentation, l'éloquent avocat constate que dès le jour où commencent ces démarches la *Victoire* arrête les attaques qu'elle dirigeait contre le ministère.

M. Méran s'est mis en campagne, et le 30 décembre, sur du papier à l'en-tête du Ministère des postes et des télégraphes, Cabinet du Ministre, il écrit à son ami une lettre dont les passages suivants sont instructifs :

Je vous envoie une petite note parue dans tous les journaux de Paris, qui confirme ma lettre. Je vous envoie aussi une lettre de M. Achard qui confirme aussi ce que je vous ai écrit. Cette lettre m'est revenue de Bordeaux où Achard l'avait adressée. Ainsi, j'en reviens à ce que je disais hier : il y a eu demande de renseignements, car Goblet a changé d'allures depuis notre première visite. Tout cela est déplorable.

La note à laquelle il est fait allusion au début de la lettre de M. Méran, est ainsi conçue :

LES DÉCORATIONS DU MINISTÈRE DE L'INTÉRIEUR

Le nombre de croix dont dispose le ministère de l'intérieur se trouvant insuffisant, M. Goblet a dû en emprunter plusieurs aux cultes, qui, comme on le sait, sont rattachés à l'intérieur depuis l'organisation du nouveau cabinet.

Plusieurs croix sont accordées à la presse, mais nous croyons savoir que, contrairement à ce qui a été annoncé, elles n'expliqueront aucune évolution politique ni n'indiqueront de changement de politique du cabinet.

Tout ne va pas cependant comme sur des roulettes. Le préfet de la Gironde se montre peu empressé pour faire décorer M. Aimelafille, et, au ministère, ça ne va pas du tout. Ce qui le démontre surabondamment, c'est l'épître suivante de M. Achard, qui devait être plus tard si mal récompensé de ses bons procédés par le rédacteur en chef de la *Victoire :*

CHAMBRE DES DÉPUTÉS — Paris, 27 décembre 1886.

Mon cher monsieur Méran,

J'ai reçu hier la visite de M. Saissot-Schneider, et ce qu'il m'a dit des dispositions défavorables de M. Goblet m'a décidé à aller faire auprès de lui une nouvelle tentative.

Je l'ai donc vu ce matin et l'ai d'abord informé que c'était autant au nom de Clémenceau qu'en mon nom que je venais insister pour qu'il disposât d'une croix pour M. Aimel.

Notre entretien a été lamentable, et le petit homme s'est révélé à moi sous ses côtés mesquins. Je l'ai trouvé aigri, hérissé, abondant en récriminations contre les radicaux, et il m'a exprimé sa surprise que ceux qui votaient constamment contre lui, qui avaient renversé le cabinet Freycinet, vinssent lui demander des marques éclatantes de sympathie, etc., etc.

Bref, il faut en prendre votre parti, il ne décorera pas Aimel, et, comme compensation, le Maubourguet restera sur le carreau. Je suis sorti de chez M. G... écœuré, et ne lui donnant pas de longs jours à occuper son poste.

Regrets et amitiés. ACHARD.

Néanmoins, on espère toujours. Mais il faut enfin se rendre à l'évidence : l'*Officiel* vient de paraître, et le nom de M. Aimelafille n'est pas au nombre des élus. M. Georges Méran annonce en ces termes la triste nouvelle :

Paris, 31 décembre 1886.

Mon cher ami,

Tout est consommé! Maubourguet est nommé... c'est un comble!

Quelle pitié!

Ce Goblet a nommé directeur de la presse un nommé Bruneau, ami de Ferry et de Waldeck-Rousseau, chef de cabinet de Laroze quand il était sous-secrétaire d'Etat.

C'est tout dire... et de tout à l'avenant.

Faut-il rire?... Faut-il se fâcher?...

**Je vais consulter Clémenceau à cet égard.**

Je ne suis pas jaloux de leur bonheur et de leur succès, mais que diable! **un peu pour nous!**

Et maintenant, êtes-vous fixé sur de Selves?... Moi, je le suis absolument.

Encore bonne année à vous et à tous.

J'attends de vos nouvelles. Georges MÉRAN.

Pauvre ministère ! Il n'allait pas tarder à subir les coups de M. Achard et de M. Aimelafille. En effet, dès la séance du 17 janvier 1887, à propos des fonds secrets, M. Achard montait à l'assaut du ministère. Au début de son discours, il prononçait cette phrase :

... Je ne suis pas guidé par une pensée d'hostilité contre le ministre de l'intérieur, qui peut compter sur mon estime personnelle...

Et s'attirait cette verte réplique de M. Goblet :

Je ne tiens qu'à l'estime que je souhaite !

Quelques jours après, M. Aimelafille, de son côté, publiait dans la *Victoire*, et sous ce titre : « AVIS AU MINISTÈRE », l'article suivant :

Un fait ressort, absolument incontestable, des premiers débats de la Chambre : c'est que le ministère Goblet est incapable de subsister sans l'appui des radicaux. Que la chose soit du goût de M. le président du conseil ou qu'elle lui soit désagréable, c'est tout un. Si le groupe de l'Extrême Gauche lui refuse son concours, il est perdu. La démonstration de cette vérité a été faite avant-hier pour le scrutin relatif aux fonds secrets.

Si un certain nombre des membres du groupe dit intransigent n'avait pas voté pour le ministère uniquement pour lui éviter un échec, si la plupart des autres ne s'étaient abstenus par le même motif, le cabinet Goblet avait vécu.

Si M. Goblet a véritablement la taille d'un homme d'Etat, cet incident est propre à lui donner à réfléchir. Vouloir continuer le jeu de M. de Freycinet serait de sa part une impardonnable aberration.

**Espérer que, par amour pour ses beaux yeux, les radicaux se résigneront à jouer le rôle de Raton tirant les marrons du feu au profit de Bertrand serait une chimère.**

Mais si sans rien consentir, sans prendre aucun engagement, on se flatte de les entraîner dans la servilité d'une politique au jour le jour, dans la voie des compromissions et des palinodies, on s'abuse. Heureusement, ils sont rares parmi nous ceux qui sont du bois dont on fait les Steeg.

Ainsi donc, conclut Me Bertin, l'*Express* a eu raison de dire que M. Aimelafille avait mendié la croix de la Légion d'honneur à M. Goblet, et que la *Victoire*, s'il avait réussi, serait devenue ministérielle. Cela n'est-il pas démontré par l'attitude postérieure de M. Aimelafille ?

Continuant victorieusement sa tâche, Me Bertin montre le rédacteur en chef de la *Victoire* devenant le « Jacques

Voland » de M. Lalou, reniant la politique radicale, se vouant tout entier au boulangisme, et répandant l'outrage et la calomnie sur ses anciens compagnons de lutte... Il est vrai qu'il en est quelques-uns qui ne se sont pas laissé faire sans crier. Témoin M. Pelletan, n'est-ce pas Monsieur Aimelafille ?

Dans une péroraison élevée, très énergique, Me Bertin résume sa plaidoirie. Il demande au tribunal de débouter M. Aimelafille de sa demande et de le condamner aux dépens. Subsidiairement, il offre, pour compléter la preuve surabondamment établie déjà, de faire entendre des témoins.

M. le président ordonne la communication des pièces à M. le procureur de la République, toute latitude étant donnée à Me Bertin pour s'expliquer par écrit sur différentes articulations produites par l'*Express*, non visées par la citation, mais cependant versées au débat au dernier moment par le défenseur de M. Aimelafille. (1)

La continuation des débats est renvoyée à huitaine.

---

*Audience du mercredi 19 février 1890.*

---

## Conclusions de M. le Procureur de la République

Hier est revenu devant la première chambre du tribunal civil, en présence d'un nombreux public, le procès intenté par M. Aimelafille, député provisoire de la deuxième circonscription de Bordeaux, contre l'*Express*.

M. Rambaud, substitut de M. le procureur de la République, a donné ses conclusions.

Voici, dans ses lignes générales, l'éloquente plaidoirie de M. l'avocat de la République :

En commençant son exorde, l'honorable organe du ministère public expose que le procès soumis actuellement au tribunal a une gravité toute particulière, parce que le demandeur est un homme public qui, comme tel, était lar-

---

(1) Ainsi que nous l'avons expliqué dans l'avant-propos, l'assignation lancée par M. Aimelafille contre l'*Express* relevait seulement *deux* accusations sur les *cinq* qui avaient été portées par le journal. C'est ce qui explique que Me Édouard Bertin fils a borné sa plaidoirie à établir la preuve de ces deux accusations.

Mais M. Aimelafille ayant relevé dans ses conclusions de la dernière heure les trois accusations qu'il avait oublié de poursuivre dans l'assignation, on verra plus loin que *tous les faits énoncés par l'*« Express » ont été examinés par M. le Procureur de la République dans ses remarquables observations, d'où la preuve s'est dégagée pleine et entière.

gement soumis à la critique de la presse. Toute la question est donc de savoir si le journaliste a excédé les limites de ses droits ou s'il les a exercés dans toute leur plénitude, de bonne foi, et avec la seule intention d'éclairer les électeurs sur la valeur morale du sieur Aimelafille, candidat.

M. Aimelafille a choisi la juridiction civile, ce qui peut à bon droit étonner quelques esprits. Il l'a choisie, a-t-il dit, parce que, devant cette juridiction, la preuve était admise. Or, M. Aimelafille, journaliste, pouvait-il ignorer l'existence d'un arrêt de la Cour de cassation rendu en 1889, autour duquel la presse a mené grand bruit, et les opinions de tous les commentateurs de la loi de 1882 qui sont les conseillers ordinaires de toute feuille, arrêt et opinions qui décident que la preuve des faits diffamatoires n'est pas plus admise devant la juridiction civile que devant la juridiction correctionnelle. N'est-on pas en droit de se demander si, en choisissant cette juridiction, M. Aimelafille n'a pas voulu « seulement se moquer des électeurs » ?

Au reste, l'attitude de M. Aimelafille est singulière. Après avoir dénié en bloc toutes les allégations de l'*Express* et promis d'en faire justice, il change de système à l'audience. Il reconnaît les faits visés par son adversaire, il est le premier à donner lecture devant les juges des documents qui les établissent, reconnaissant ici l'authenticité de ces derniers, et se borne soit à critiquer leur provenance, soit à les interpréter au mieux de ses intérêts.

La vérité, c'est que si M. Aimelafille n'avait pas, au cours de la période électorale, pris d'engagements vis-à-vis des électeurs, il aurait été par la suite moins téméraire ou plus réfléchi. Et son attitude à l'audience s'est ressentie des réflexions qu'il a pu faire.

Sans doute, les lettres lues à l'audience par les deux parties paraissent avoir une origine que la justice ne saurait approuver. Mais M. Aimelafille a-t-il sur ce point un droit de censeur à exercer ? N'a-t-il pas lui-même abusé du caractère confidentiel de lettres à lui adressées par M. Achard et a-t-il déjà oublié les vifs reproches de ce dernier ? Au surplus, qu'on se souvienne du procès Mermeix, à propos des documents de la Haute Cour, et qu'on se rappelle l'attitude prise au cours de ces débats par M. Lalou, le patron de M. Aimelafille, qui disait que le premier devoir du journaliste était de se servir, d'où qu'ils viennent, de tous les documents qui pouvaient tomber entre ses mains.

Cela dit, doit-on écarter du procès actuel les documents dont il a été question ? Non, et M. Aimelafille lui-même n'a pas essayé de le faire et de le demander. Par conséquent, ils appartiennent bien aux débats.

Après avoir indiqué quelle a été l'attitude de M. Aimelafille vis-à-vis de M. Grilhé, directeur de l'*Express* — fondateur de la *France* et son secrétaire de rédaction pendant dix-huit mois, jusqu'à son départ pour le régiment, — attitude violente dans la *France*, et modérée devant les juges. M. le procureur de la République déclare que l'affaire venant au civil, il y a lieu seulement de se demander si la bonne foi de l'*Express* est établie ou si sa mauvaise foi est patente. En somme, voilà le débat.

Examinant alors les conclusions de M° Bertin, l'honorable organe du ministère public estime, quant à lui, que les prévisions mêmes de l'article 40 du décret du 2 février 1852 s'opposent à ce que l'action intentée par M. Aimelafille soit une action basée sur des manœuvres électorales. Les juges se trouvent donc en face d'une action en diffamation basée sur la loi du 29 juillet 1881, et ils ont en face d'eux un homme attaqué comme publiciste et comme candidat. Cela est si vrai, et M. Aimelafille l'a si bien compris que, dans son procès et depuis les premières heures de l'instance, il ne se défend dans le journal de M. Lalou que comme homme politique.

On sait quel est le système de défense de M. Aimelafille : il ne méconnait pas la matérialité des articulations de l'*Express*, il cherche seulement à les discuter dans leur portée. L'*Express* a-t-il été de bonne foi?

Pour rechercher cette bonne foi, on ne saurait sans doute avoir recours à l'admission de la preuve, mais on peut la dégager peut-être des documents versés aux débats.

M. le substitut Rambaud rappelle alors certaines époques de la période électorale, de la période surtout de ballottage, et parle des accusations de l'*Express* qui, dès le début, a pu prendre peut-être une attitude injurieuse, mais qui, dans tous les cas, n'a fait qu'user de représailles. En effet, au lendemain des élections du 6 octobre, M. Aimelafille publiait un article triomphal où, avec l'aménité qui le caractérise, il se montrait injurieux et d'une violence extrême contre tous. Et c'est lui pourtant qui demande à ses adversaires de la discrétion et de la correction !

C'est alors que, répondant à cette virulente attaque, l'*Express* publie les articulations que l'on sait.

Bien que les cinq articulations de l'*Express* n'aient pas été visées par la citation, qui n'en touchait que deux, cependant elles furent versées toutes au débat, la discussion devant se cantonner sur le terrain de la bonne foi. Et pourtant, dans ses deux journaux, chose curieuse ! M. Aimelafille ne discute seulement que deux articulations sur cinq, probablement parce que ces deux articulations étaient les plus faciles à défendre devant le corps électoral. Et avec quelle habileté il discute! et avec quelle habileté il évite même la plus légère allusion aux trois autres questions, surtout à celle qui vise le traité qu'il a passé avec M. Lalou, traité dont il n'a pu à l'audience discuter les termes si nets, si décisifs !

Qu'est-ce donc que cette façon de discuter quand on a la prétention de se dire le chef d'un parti ?

L'honorable organe du ministère public en arrive alors à passer en revue les articulations de l'*Express*. La première, on s'en souvient, est ainsi conçue :

« M. Aimel, après avoir attaqué le tripoteur Wilson dans » son journal, n'est-il pas entré en relations avec lui ? N'a- » t-il pas mis sa main dans sa main et tenté, à diverses » reprises, de lui vendre sa plume ? »

Eh bien ! continue M. le substitut Rambaud, il est évident, et cela ressort des documents versés aux débats, qu'il y a eu un projet de vente des journaux *la Victoire* et *le Petit Bordelais* entre M. Aimelafille et M. Wilson, et il ne s'agissait pas là, comme l'a soutenu le demandeur, de la création d'un syndicat.

En outre, et à cette époque, M. Aimelafille savait à quoi s'en tenir, quoi qu'il en dise, sur la valeur morale de M. Wilson. Ne l'avait-il pas déjà, et notamment en 1883, violemment attaqué dans la *Victoire ?*

M. Aimelafille soutient qu'il n'a jamais voulu vendre sa plume à M. Wilson ? Cela est possible ; mais n'est-on pas en droit de le supposer, lorsque l'on sait quelle est la nature du traité qui le lie aujourd'hui avec M. Lalou ?

Donc, sur ce point, et dans une très large mesure, l'*Express* a été fondé à croire, et beaucoup d'électeurs partageront cette conviction, que M. Aimelafille a voulu vendre ses journaux à M. Wilson, et qu'il aurait de la sorte et par la suite soutenu la politique du gendre du président de la République.

Deuxième articulation :

« M. Aimel, après l'avortement des combinaisons Wilson, » n'a-t-il pas sollicité auprès des chefs du radicalisme et du » gouvernement lui-même, des faveurs, places ou subsides » pour ses coassociés ou son journal ? »

Pour établir victorieusement la véracité de cette articulation, il suffit de lire les documents. Tout s'en dégage. La *Victoire* se mourait, et il était décidé que, pour assurer son existence, on la vendrait à n'importe qui. Sans doute, et tout en reconnaissant que des places ou des subsides ont été demandés, M. Aimelafille, usant une fois de plus de ce procédé de discussion qui lui est familier, déclare qu'il n'a rien demandé de lui-même. Etrange, en vérité !

Quoi qu'il en soit, M. Aimelafille savait à merveille tout

ce qui se passait. N'était-il pas tenu religieusement au courant par son ami, M. Méran?

Ici, M. le procureur de la République donne lecture de plusieurs passages de lettres écrites par M. Méran, du ministère des postes et télégraphes, passages qui sont ainsi conçus :

Paris, 28 octobre 1886.

Ma situation vis-à-vis du chef de cabinet est toujours la même, mais je m'en tire et je pénètre peu à peu dans les bureaux.

Il n'a jamais voulu me donner les renseignements sur le moment; il n'a même pas voulu les livrer au chef de bureau : il a préféré faire faire des notes dans son cabinet et les remettre au chef de bureau, qui ne peut rien faire avec ces notes. J'ai vu le chef de bureau, M. Degrangé, et je l'ai vivement conseillé de s'adresser au ministre pour avoir ces renseignements et me les faire parvenir.

Il avait même dit à ce chef de bureau de ne pas venir me voir; et comme j'avais remis ma carte chez lui quand je faisais mes visites, j'ai fait demander si ma carte avait été remise. Aussitôt, visite du chef de bureau, excuses, etc. Aujourd'hui, nous sommes au mieux ensemble.

Donc, peu à peu je m'insinuerai; du reste, les lettres affluent toujours, et les visites des députés et sénateurs s'affirment... Donc, j'arriverai avec le temps et la patience...

Georges MÉRAN.

ris, 15 décembre 1886.

... Enfin, le ministère est debout jusqu'au 15 janvier : nous voilà maintenus!

Attendons l'avenir.

Ce qui est certain, paraît-il, c'est l'alliance de Freycinet avec Ferry! On me l'affirme. Qui l'eût cru?

Je signale ce fait parce que je me rappelle notre conversation avec le préfet qui trouvait Aimel un peu frais! Il arrivait de Paris avec son oncle Freycinet et alors attention, attention et attendons!

Toujours attendre!

Quoi qu'il en soit, demain je verrai Achard et je lui demanderai d'aller avec lui chez Goblet et je me prépare à parler au ministre. Je n'en sortirai que s'il me dit oui ou non, mais il faut que ce soit certain.

J'hésite d'autant moins qu'ayant demandé si Goblet était de bonne foi — car la composition de son ministère pourrait en faire douter, — il m'a répondu qu'il le croyait de bonne foi.

**Aors il nous faut notre part!**

Je n'oublie pas non plus le manuscrit (1) d'Aimel, mais je n'ai pas eu le temps ni hier, ni aujourd'hui.

J'ai vu Lacroix ce matin qui s'était mis en rapport avec la *France* pour un journal à Bordeaux. Toujours les mêmes

---

(1) Le manuscrit dont il est question ici est le fameux extrait de la *Politique positive d'Auguste Comte* dont il est parlé plus loin dans le « Chemin de la croix », à la station consacrée à *M. Aimel-la-fille positiviste.*

bruits : nous allons disparaître en janvier. J'ai vivement protesté, affirmant qu'il y avait là une manœuvre pour nous ruiner. Lalou (pas confiance en cet homme !) renonce à faire une *France* spéciale à Bordeaux, enverra son journal avec une Chronique bordelaise : il s'est adressé à Leryant pour cela. Tout cela n'est pas sérieux, mais enfin attention et tenons-nous !

On pourrait, a dit Lacroix, nous acheter. J'ai répondu que je ne connaissais pas vos intentions, que je croyais qu'on vendrait peut-être le *Petit Bordelais*, mais que la *Victoire* faisant en outre de ses frais ordinaires assez d'argent pour payer les intérêts d'un capital de 100,000 francs, plus payant MM. Gilbert, Aimel et Jacquinot, avait une valeur telle qu'en réalité vous y faisiez vos affaires et qu'il ne fallait pas croire que les journaux allaient mourir. Donc, si sérieusement on voulait acheter ces journaux, il fallait y mettre le prix.

Maintenant, tenez-vous sur vos gardes, mais je n'ai pas confiance dans Lalou.

Avez-vous songé à des étrennes ou à des primes pour le premier de l'an ? C'est toujours de la réclame...

Georges MÉRAN.

Paris, 7 mars 1887.

... Je vous l'ai déjà dit, je le répète et le dirai à Clémenceau, **si je puis avoir une place rétribuée, tous les émoluments qu'on me fera obtenir, je les consacrerai au journal.**

**Il me semble qu'il serait bien juste que l'Etat nous donne un peu d'argent.** Certes, le travail et la peine venant de moi rendront largement à l'Etat l'argent que je pourrai en toucher, et cet argent servira encore au parti, en dehors de ce que je ferai personnellement pour lui.

Est-il possible d'être plus accommodant et n'est-ce pas bien juste ?

Répondez-moi sur tout cela, sur toutes ces combinaisons; **parlez-en à Gilbert, discutez cela entre vous** (1) et, si vous m'approuvez, faites-moi parvenir le nécessaire pour que j'aie un entretien avec Clémenceau et qu'à la fin du mois j'apporte une réponse quelconque, un oui ou un non, de façon à ce que nous soyons fixés à cette époque et que nous ne discourions pas dans le vague et dans l'incertitude.

Pesez donc ces différentes combinaisons ; **faites écrire dans ce sens par Gilbert à Clémenceau** (2), tout à fait personnellement.

---

(1 et 2) Cette lettre — plus particulièrement que les autres — établit bien le rôle joué par M. Gilbert-Martin dans tous ces maquignonnages, dans toutes ces demandes d'argent à M. Clémenceau. On le voit, c'est M. Gilbert-Martin qui devait « *discuter tout cela* » avec M. Aimelafille. C'est encore M. Gilbert-Martin qui devait « *écrire dans ce sens*, tout à fait personnellement *à M. Clémenceau* ».

Dans ces conditions, personne ne s'étonnera de voir M. Gilbert-Martin s'épuiser aujourd'hui en efforts superflus pour innocenter l'ancien compagnon de ses vilaines affaires.

J'apporterai les documents à Clémenceau et je tâcherai de vous apporter la réponse...

Georges Méran.

Ainsi donc, et une fois encore, la bonne foi de l'*Express* est complète sur ce point particulier.

Troisième articulation :

« M. Aimel n'a-il pas mendié auprès du ministre Goblet » la croix de la Légion d'honneur : en échange, la *Victoire* » serait devenue ministérielle ? »

Pour se disculper de cette troisième accusation, M. Aimelafille aura recours encore à son système favori de discussion : ses amis ont pu demander qu'il soit fait chevalier de la Légion d'honneur, mais lui, personnellement, n'a fait aucune démarche, n'a rien demandé du tout. Pour démontrer cela, M. Aimelafille s'entoure de témoins. Hélas ! pour lui, il en est un dont il aurait mieux fait de ne pas invoquer le témoignage : c'est M. Clémenceau, qui répond : « *sur sa demande*... etc... »

C'était là un coup de massue pour le système de M. Aimelafille, et j'ai eu le regret, poursuit l'honorable organe du ministère public, de voir ce matin, dans la *France*, M. Aimel présenter sur ce point une nouvelle défense *pro domo*. Comme toujours, il équivoque : « J'ai pu demander à Clémenceau, mais pas au ministre... » Voilà de la casuistique, à coup sûr ; voilà des distinctions bonnes peut-être pour les électeurs dont on se moque, mais mauvaises certainement pour les juges d'un tribunal.

Sur ce troisième point encore, l'*Express* peut donc largement exciper de sa bonne foi.

Quatrième articulation :

« M. Aimel — places, subsides et décorations n'arrivant » pas — n'a-t-il pas renié le radicalisme pour le boulan- » gisme ? »

Devant cette articulation, M. Aimelafille, dit le ministère public, se contente de se voiler la face en déclarant qu'il ne veut pas faire à la justice l'injure de discuter une semblable accusation. Il est certain qu'on ne discute pas l'évidence.

L'absence de croix, de places ou de subsides a-t-elle été la cause de l'évolution ? Il est permis de le penser en constatant que le gros de l'armée boulangiste est composé de soldats mécontents.

Là encore, la bonne foi de l'*Express* est indiscutable.

Cinquième articulation :

« M. Aimel pourra-t-il nous dire quels sont les termes du » traité secret qui le lie avec celui qu'il appelait lui-même

» *l'homme d'affaires* Lalou, et pour quel prix il lui a vendu » sa conscience politique et le parti radical? »

Jusqu'au dernier moment, le ministère public a attendu des protestations de M. Aimelafille contre l'existence même de ce traité. Il les attend encore.

Il est singulier de constater que M. Aimelafille, qui a demandé sur ce point à l'audience des explications au défendeur, garde dans sa polémique un silence obstiné et prudent.

La vérité, c'est que le traité existe bien et qu'il mérite d'être signalé à la réprobation publique.

Me Bertin en a donné lecture et je ne veux en retenir que les quelques points suivants :

M. Aimelafille s'engage à écrire dans le journal *la France* selon la ligne politique actuelle de ce journal ou la politique de demain, quelle qu'elle soit, à la volonté de M. Lalou.

Il ne peut soutenir aucune candidature sans l'assentiment exprès de M. Lalou, ni écrire un article quelconque sans l'approbation de M. Lalou ou d'un mandataire à cet effet désigné par lui. Son nom même ne lui appartient pas. Le traité lui impose le pseudonyme de *Jacques Voland*, c'est la volonté de M. Lalou. Demain, il s'appellera autrement; après-demain, il changera encore, s'il plaît à M. Lalou.

Libre à M. Aimelafille de décorer cette situation du beau nom d'indépendance.

A vrai dire, M. Aimelafille, dans son mémoire signifié depuis les plaidoiries, entend rendre solidaires d'une semblable dépendance tous les journalistes français.

Il y affirme que « sa situation » à la *France* est celle de tous les rédacteurs dans les journaux où ils écrivent; que c'est « la *condition nécessaire* de tout journaliste ».

L'honorable M. Rambaud ne peut s'empêcher de protester contre une semblable affirmation. Il croit, pour l'honneur de la presse, que ce traité constitue une rare et triste exception.

D'ailleurs, M. Aimelafille peut-il parler à juste titre de la liberté qu'il aurait eue, dans le cas où la politique de la *France* eût été incompatible avec ses convictions, de rompre avec ce journal, alors que le même traité lui imposait, que la rupture soit son fait ou celui de M. Lalou, l'obligation pendant une année de ne collaborer à aucun autre journal publié dans le département de la Gironde?

Il est téméraire de l'affirmer.

N'était il donc pas permis de dire, à la lecture de ce traité, sinon que M. Aimelafille avait vendu sa conscience, du moins qu'il avait vendu sa plume?

Cette idée, dégagée des ardeurs de langage nées de la période électorale, devait surgir dans l'esprit le moins hostile à M. Aimelafille.

Ainsi donc, sur tous ces points, les arguments abondent et rendent éclatante la bonne foi de l'*Express*.

Dans une péroraison très remarquable, aussi remarquable du reste que l'ensemble des conclusions développées, M. Rambaud affirme que le tribunal correctionnel eût en semblable matière prononcé l'acquittement du journal poursuivi. Devant le Tribunal Civil, les principes de droit sont les mêmes. La demande de dommages-intérêts n'est pas justifiée; la bonne foi du défendeur est amplement établie. M. Aimelafille doit être débouté de sa demande.

Dans des observations subsidiaires, relatives aux dernières conclusions de M. Aimelafille, tendant à ce qu'il lui soit donné acte de ce que des mémoires de la défense ont circulé dans la salle d'audience, tendant aussi à ce que la destruction de ces mémoires soit ordonnée, M. Rambaud estime qu'il n'y a pas lieu de s'arrêter à ces nouvelles prétentions.

M. Aimelafille a fait dresser par ministère d'huissier un procès-verbal de constat; ses droits seront ainsi sauvegardés.

S'il estime que les droits de la défense ont été dépassés et qu'un nouveau préjudice en soit né pour lui, il est libre d'intenter une nouvelle action.

M. le président Calmon a renvoyé à une audience ultérieure le prononcé du jugement.

---

*Audience du 5 mars 1890.*

# LE JUGEMENT

Voici le texte du jugement lu à cette audience par M. le président Calmon :

Attendu que par deux exploits, l'un du 5 octobre 1889, et l'autre du 13 novembre suivant, Aimelafille a cité Grilhé, Bonnard et Praderon en réparation d'articles diffamatoires publiés sur son compte dans les numéros du journal *l'Express*, portant les dates des 3, 4 et 5 octobre 1889;

Que ces articles, rédigés par Grilhé et imprimés par Bonnard sous la responsabilité de Praderon, gérant du journal *l'Express*, imputaient à Aimelafille :

1° D'être entré en relations avec le tripoteur Wilson après l'avoir attaqué dans son journal; d'avoir mis sa main dans sa main, et tenté à diverses reprises de lui vendre sa plume;

2° D'avoir sollicité, après l'avortement des combinaisons Wilson, auprès des chefs du radicalisme et du gouvernement lui-même des faveurs places ou subsides pour ses coassociés ou son journal;

3° D'avoir mendié, auprès du ministre Goblet, la croix de la Légion d'honneur : en échange, la *Victoire* serait devenue ministérielle;

4° Places, subsides et décorations n'arrivant pas, d'avoir renié le radicalisme pour le boulangisme;

5° D'avoir, par un traité, vendu au sieur Lalou sa conscience politique et le parti radical;

Attendu qu'Aimelafille a déclaré renoncer à son action contre Bonnard et a demandé la mise hors de cause de ce dernier;

Attendu que les deux demandes résultant des citations sus-énoncées sont fondées sur le même fait et ont le même objet; qu'elles ont été jointes par un jugement du 31 décembre dernier, et que les défendeurs ne démontrent pas l'intérêt qu'il y aurait à les disjoindre;

Attendu que si l'on examine les termes des articles incriminés, il est impossible de méconnaitre que **les faits relevés contre Aimelafille sont de nature**, dans leur ensemble, **à porter atteinte à son honneur**, et présentent un caractère diffamatoire;

Que l'action dont est saisi le tribunal a pour base un délit de diffamation, et non, ainsi que le prétendent les défendeurs, une infraction à l'article 40 de la loi du 2 février 1852, qui vise les fausses nouvelles, les bruits calomnieux ou autres manœuvres frauduleuses ayant eu pour conséquence de surprendre ou de détourner des suffrages;

Que la condition essentielle du délit prévu par cette disposition de la loi consiste dans la surprise ou le détournement justifié de suffrages;

Qu'aucun fait de cette nature n'est spécifié dans les citations données à la requête du demandeur;

Attendu que l'action en dommages-intérêts pour diffamation qui est portée devant la juridiction civile se trouve soumise, quant à la preuve, aux mêmes règles que l'action en diffamation portée devant les tribunaux de répression;

Que bien que les articles incriminés aient été publiés au cours d'une période électorale, et alors qu'Aimelafille était candidat à un mandat électif, la preuve des faits diffamatoires ne saurait être autorisée, le demandeur n'appartenant pas alors à la catégorie des personnes contre lesquelles cette preuve peut être rapportée;

Qu'il s'agit uniquement de rechercher si les imputations dont se plaint Aimelafille constituent le délit de diffamation;

Attendu que l'intention de nuire est un élément essentiel de ce délit;

Que si les imputations diffamatoires sont réputées de droit faites avec une intention coupable, cette prévision peut disparaître en présence de faits justificatifs suffisants pour faire admettre la bonne foi;

Attendu que pour apprécier le mobile auquel ont obéi les défendeurs il importe de préciser les circonstances dans lesquelles les imputations se sont produites;

Attendu que les articles déférés au Tribunal ont été écrits à la veille du scrutin de ballottage pour les élections à la Chambre des députés;

Qu'Aimelafille, candidat à la députation, s'était déjà livré, dans une polémique ardente, aux attaques les plus passionnées et les plus injurieuses contre ses adversaires;

Que les articles de l'*Express* ont été certainement provoqués par les publications agressives d'Aimelafille;

Que, de plus, l'auteur de ces articles a indiqué, au moment où il les livrait à la publicité, qu'il désirait faire la lumière auprès du corps électoral sur les imputations formulées contre le demandeur;

Attendu que, par une conséquence nécessaire des institutions politiques basées sur le suffrage universel, la jurisprudence a été amenée à modérer l'application littérale des règles rigoureuses de la loi, alors qu'il s'agit de personnes aspirant à des fonctions électives;

Que les considérations d'intérêt général puisées dans l'utilité qu'il peut y avoir à éclairer les électeurs sur la valeur morale et politique des candidats qui briguent leurs suffrages, doivent influer sur la décision des juges chargés d'apprécier l'intention;

Attendu que, pour établir leur bonne foi, les défendeurs se fondent **sur des lettres dont ils reproduisent la photographie** et qui ont été adressées soit à Aimelafille, soit à des tiers;

Que Grilhé et Praderon paraissent avoir obtenu les photographies de ces lettres au moyen d'agissements qui doivent être réprouvés;

Mais qu'Aimelafille, loin de demander que les lettres reproduites soient rejetées du débat, a d'abord reconnu leur authenticité, puis, en a discuté les termes et contesté la portée que veulent leur donner les défendeurs;

Que ces lettres appartiennent donc au procès;

Qu'il y a lieu maintenant pour le tribunal d'examiner, en ce qui concerne chacune des imputations, si les défendeurs justifient de leur bonne foi, et notamment s'ils ont agi avec la pensée que les faits par eux articulés étaient vrais;

## SUR LE PREMIER FAIT :

Attendu qu'il est reconnu par Aimelafille que des négociations ont été engagées entre le sieur Wilson, directeur du journal *la Petite France*, à Tours, et les propriétaires de la *Victoire*, journal dont Aimelafille était le rédacteur en chef à Bordeaux, pour grouper ces personnes avec d'autres en un Syndicat;

Mais que les termes de la correspondance produite aux débats permettent de croire que les négociations avaient pour but la vente du journal *la Victoire*, qui ne couvrait plus ses frais;

Que les défendeurs étaient d'autant plus fondés à penser qu'Aimelafille avait agi personnellement auprès de Wilson que, le 21 août 1881, il écrivait que, grâce à l'intervention du sieur Achard, qu'il indiquait comme étant très lié avec Wilson, on pourrait peut-être arriver à s'entendre avec ce dernier, et qu'il ajoutait que c'était une **éventualité qu'il fallait ménager**;

Qu'il est constant que, antérieurement à ces négociations, Aimelafille avait déjà relevé dans la *Victoire*, à la charge du sieur Wilson, **des actes d'indélicatesse qu'il dénonçait comme un scandale**;

Que Grilhé et Praderon **ont pu raisonnablement croire** que le succès des négociations poursuivies, ainsi que la correspondance le démontre, sur les conseils d'Aimelafille et avec son adhésion, auraient eu pour conséquence, d'une part, de conserver à celui-ci la rédaction en chef du journal *la Victoire*, après la vente qui en aurait été consentie, et, d'autre part, de l'associer à la politique personnellement suivie par Wilson, qui serait devenu propriétaire du journal;

Que la violence des termes dans lesquels cette combinaison a été portée à la connaissance du corps électoral s'explique par la violence même d'Aimelafille;

Que, du reste, si l'on considere les conventions qui lient le demandeur au sieur Lalou, les défendeurs ont pu admettre avec quelque apparence de raison qu'Aimelafille aurait aliéné son indépendance de journaliste au profit de Wilson comme il l'a aliénée, après l'échec des négociations engagées avec ce dernier, dans le traité passé entre lui et Lalou;

### SUR LE DEUXIÈME FAIT :

Attendu que ce fait ne présente pas les caractères d'une imputation diffamatoire nettement déterminée;

Que, au surplus, les lettres produites autorisent les défendeurs à penser que les sollicitations auxquelles ils faisaient allusion avaient réellement eu lieu;

Que c'est à Aimelafille, en effet, que s'adressait le sieur Méran, l'un des propriétaires du journal *la Victoire*, pour représenter que, dans l'intérêt de l'œuvre commune à laquelle il était attaché, il serait utile qu'il pût obtenir une position officielle à Paris : « C'est à vous, écrivait-il à Aimelafille, que j'ai » remis cette question majeure pour nous »;

Que, peu de temps après, il était nommé chef du secrétariat particulier du ministre des postes et des télégraphes;

Que la correspondance établit que le sieur Méran faisait, d'accord avec Aimelafille, des démarches actives pour obtenir au profit du journal *la Victoire*, qui ne pouvait plus se soutenir à l'aide de ses propres ressources, des subventions soit du parti radical, **soit même de l'Etat**, sous la forme d'une place rétribuée à donner audit sieur Méran, qui en aurait abandonné les émoluments au journal;

### SUR LE TROISIEME FAIT :

Attendu qu'Aimelafille a été obligé de **reconnaitre** qu'il **avait fait demander** au mois de décembre 1886 à M. Goblet, alors ministre de l'intérieur, de le nommer chevalier de la Légion d'honneur;

Qu'il importe peu qu'il n'ait pas sollicité lui-même du ministre cette marque de distinction;

Qu'il suffit pour établir la bonne foi des défendeurs de se référer aux documents de la cause, qui démontrent qu'Aimelafille a fait présenter sa demande au ministre par des personnalités fort influentes;

Attendu qu'après l'insuccès des démarches faites en sa faveur, le demandeur a pris dans le journal *la Victoire*, vis-à-vis de M. Goblet, une attitude hostile;

Que dans un article publié le 21 janvier 1887 il lui reprochait amèrement «de ne rien accorder aux radicaux» et déclarait qu'il n'avait pas à compter sur leur appui s'il ne leur faisait aucune concession;

Que dans l'esprit des défendeurs cette attitude pouvait se rattacher à l'échec éprouvé par Aimelafille, qui s'était abstenu de toute attaque malveillante contre M. Goblet et son ministère au moment où ces sollicitations se produisaient;

Que Grilhé et Praderon ont été ainsi amenés à dire de bonne foi que, si Aimelafille avait obtenu la croix de la Légion d'honneur, son journal serait devenu ministériel;

## SUR LE QUATRIEME FAIT :

Attendu que l'évolution politique reprochée au demandeur est de notoriété publique à Bordeaux;

Qu'il s'est présenté aux élections législatives sous le patronage du chef du parti dit boulangiste;

Que l'auteur des articles de l'*Express*, en indiquant qu'Aimelafille a fait cette évolution parce qu'il n'avait obtenu ni subsides pour son journal ni décoration pour lui, a émis une appréciation qui, en présence des faits de la cause, **n'a rien d'invraisemblable.**

## SUR LE CINQUIÈME FAIT :

Attendu que, par le traité qu'il a passé avec Lalou, Aimelafille s'est engagé, entre autres conventions, à écrire dans la *France*, suivant la ligne politique de ce journal ou telle autre qu'il conviendrait à Lalou d'adopter, en prenant le pseudonyme de *Jacques Voland*, ou tel autre que lui désignerait ledit Lalou;

Que cette convention par laquelle le rédacteur en chef d'un journal se soumet, moyennant un salaire stipulé, à l'obligation d'adopter une ligne politique qui pourrait être contraire à sa manière de voir, et aliène même le droit de choisir le pseudonyme sous lequel ses articles devront être publiés, porte en elle-même **la preuve que les défendeurs étaient de bonne foi lorsqu'ils ont reproché à Aimelafille sa vénalité;**

Attendu qu'il résulte de ce qui précède que Grilhé et Praderon ne se sont pas livrés témérairement à des imputations diffamatoires;

Qu'ils ont dénoncé, avec la pensée qu'ils étaient vrais, des faits que les électeurs avaient intérêt à connaître;

Que si les articles poursuivis sont écrits dans des termes d'une vivacité regrettable, il ne faut pas perdre de vue qu'ils ont été rédigés sous l'impression de l'effervescence électorale et des provocations injurieuses du demandeur;

Que, dans ces conditions, l'action en dommages-intérêts introduite par ce dernier contre Grilhé et Praderon ne saurait être accueillie;

Attendu qu'Aimelafille demande qu'il lui soit donné acte de ce qu'un mémoire portant la signature de Praderon aurait été publiquement distribué à l'audience au moment des plaidoiries du procès actuel ;

Attendu que le tribunal ne peut donner acte d'un fait qu'il n'a pas personnellement constaté ;

Qu'il suffira de réserver au demandeur tous droits relativement à cette distribution qui résulte d'un acte d'huissier dressé à sa requête ;

Attendu que le mémoire dont il s'agit comprend dans ses parties essentielles les documents sur lesquels a porté la discussion, et que les commentaires qui accompagnent ces documents n'excèdent point les nécessités de la défense de l'affaire soumise au tribunal ;

Que, dès lors, la suppression du mémoire ne saurait être ordonnée ;

Qu'il n'y a pas lieu davantage de condamner les défendeurs à remettre à Aimelafille les originaux des pièces qu'ils ont versées au débat ;

Que le demandeur, en effet, ne justifie ni d'un droit de propriété sur la totalité de ces originaux ni de leur détention par Grilhé et Praderon ;

Pour ces motifs,

Le Tribunal, après en avoir délibéré, dit n'y avoir lieu de disjoindre les instances jointes par le jugement du 31 décembre dernier, et, sans s'arrêter à l'offre de preuve des sieurs Grilhé et Praderon,

**Déclare Aimelafille mal fondé dans ses demandes, fins et conclusions, l'en déboute et le condamne aux dépens,**

Lui réserve tous ses droits relativement à la distribution qui aurait été faite à l'audience du mémoire de Praderon.

---

SIXIÈME PARTIE

# CHEMIN DE LA CROIX

DE

M. le Député AIMELAFILLE

## VARIATIONS POLITIQUES

PREMIÈRE STATION

### M. Aimelafille Royaliste.

Au début, M. Aimelafille fut légitimiste aussi ardent qu'il était fervent catholique.

Pour l'ancien « frère visiteur » de la Société de Saint-Vincent-de-Paul, hors le Roy et Jésus, il n'était point de salut.

Le trône et l'autel ont été l'objet de son premier culte, de ses dévotes aspirations sous l'égide tutélaire de Loyola.

Et si, plus tard, il a renié ses premières amours — auxquelles, comme dit la chanson, on revient toujours, — l'empreinte jésuitique n'en est pas restée moins profondément gravée et comme formant le fond de son caractère. C'est la tache indélébile qui se révèle dans tous les actes de sa vie.

Au dernier scrutin, il a donné l'accolade à ses anciens frères de sacristie. Il a fait amende honorable. La brebis égarée et repentante est rentrée au giron catholique.

Plus de séparation de l'Eglise et de l'Etat. Plus de service militaire pour les séminaristes, plus d'enseignement laïque.

C'est le retour au gouvernement des curés.

Devant l'urne électorale, ces gens-là ont échangé — ce qu'il y a de plus répugnant au monde — des baisers de prêtres.

Allons, haut les cœurs ! libres penseurs et républicains sincères, révoltés par le spectacle de ces caresses malpropres ! Pouvons-nous donner notre assentiment à ce monstrueux accouplement ? Il n'y a que le confessionnal qui puisse autoriser et couvrir de pareils marchés de conscience.

Nous n'avons jamais voulu livrer la République à ses pires ennemis : les jésuites et les curés. Ceux qui leur donnent la main sont des traîtres et des vendus.

Admirons les desseins insondables de la Providence qui, en mettant au cœur de M. Aimelafille cet amour immodéré de « la Croix », l'ont fait se prosterner devant « la Croix », emblème des jésuites, avant de s'aplatir devant celle que M. Goblet donnait aux journalistes radicaux convertis.

---

DEUXIÈME STATION

## M. Aimelafille Bonapartiste.

L'émancipation politique de M. Aimelafille a passé par bien des phases et franchi tellement d'étapes, qu'aujourd'hui le cercle parcouru est complet. Le voilà maintenant de retour à son point de départ. Le césarisme avec Boulanger n'est-il pas le même que le césarisme avec un Bonaparte ?

M. Aimelafille a été bonapartiste militant ; et si les cantiques à la Vierge ou les odes au roy Henri V, qu'il a certainement dû commettre, ne sont pas parvenus à notre connaissance, en revanche, nous savons qu'il a essayé sa plume en faveur de l'Empire, de cet empire trois fois maudit, commencé dans le sang du Deux-Décembre pour finir dans la boue de Sedan.

M. Aimelafille fit un journal sous l'Empire ; et le nom seul de celui qui était son collaborateur et son ami, qui est de nouveau son ami et son allié, lui donne un diplôme de parfait impérialiste. Nous voulons parler de M. Levraud, le bonapartiste, le réactionnaire si bilieux du Conseil général.

M. Aimelafille et M. Levraud ont donc travaillé et travaillent encore pour un empereur, dont, heureusement, le couronnement ne semble pas prochain. Ils ont travaillé pour un Napoléon ; ils travaillent maintenant pour le tendre empereur de la femme Pourpe.

Ce passé bonapartiste de M. Aimelafille lui a été reproché a diverses reprises ; mais, il faut bien le dire, jamais il n'a été flétri avec autant d'énergie que par M. Jourde, le collègue actuel et ami de M. Aimelafille.

On se rappelle à Bordeaux ce qui se passa lorsque M. Gilbert-Martin, lui aussi de la *Victoire*, se présenta aux élections. Le journal *la Voix du Peuple* publia un pamphlet contre M. Gilbert-Martin et son associé Aimelafille, intitulé : *Don Quichotte et Sancho Pança*, que nos lecteurs pourront lire plus loin en son entier.

L'auteur de ce pamphlet qui clouait ainsi M. Aimelafille au pilori, était M. Jourde ; et ce dernier avait eu pour collaborateur M. Ernest Roche, autre député boulangiste, qui, alors, rédigeait la *Voix du Peuple*.

M. Jourde — qui l'eût cru ? — est devenu député de Bordeaux, et M. Ernest Roche — qui l'eût jamais supposé ? — est devenu député de Paris.

Il faut bien reconnaître que les Parisiens ne sont guère plus malins que les Bordelais, car leurs candidats sont aussi surprenants que les nôtres. Mais nous ferons remarquer, non sans une certaine pointe d'orgueil, que Bordeaux prend ses députés sur place, sans avoir besoin d'aller les chercher à Paris, tandis que Paris vient à Bordeaux se fournir d'illustrations politiques.

Ernest Roche, le graveur problématique et famélique de Bordeaux, avait un concurrent boulangiste à Paris, et c'était encore un Bordelais, M. Armand Caillavet, qui mettait ses affiches à côté des siennes.

C'est encore nous qui avons fourni le fameux Rousselle, notre ancien chemisier des allées de Tourny, le président du Conseil municipal démissionnaire, et même le fameux, l'unique Chapoulie, le cordonnier orateur si goûté des amis de la joie et qui s'est fait incarcérer récemment à Paris pour tentative d'homicide.

Enfin, notre représentation bordelaise elle-même n'est pas sans quelque mérite. En dehors du citoyen Jourde, nous avons le député provisoire Aimelafille, que son traité-Lalou fera certainement passer à la postérité. Et au-dessus, tout au-dessus, l'éloquent Chiché-Piquette, qui « plane comme l'arche sainte » au-dessus de ses collègues bordelais, et qui posséda jadis, lui aussi, et non moins ardente que celle de M. Aimelafille, une affection notoire pour le parti des Bonaparte.

---

TROISIÈME STATION

## M. Aimelafille Radical.

(1876)

Le hasard et les circonstances amenèrent M. Aimelafille à la République. C'était là l'horizon nouveau, l'avenir qui se montrait à chacun en 1870.

D'abord républicain platonique, ayant au lendemain du 4 Septembre ce qu'il a toujours conservé : un profond mépris pour le suffrage universel et les aspirations des masses populaires, il ne comprend que la dictature et a toujours eu la conception du pouvoir autoritaire qu'il révèle aujourd'hui comme boulangiste.

C'est là, du reste, le fruit naturel de la politique positiviste d'Auguste Comte dont il est imbu. Et en cherchant bien, il serait aisé de découvrir certaines brochures à la couverture verte (la couleur orthodoxe positiviste) auxquelles M. Aimelafille est loin d'être étranger et où la forme césarienne et impériale trouve son apologie.

L'imprévu d'une polémique électorale le fit tomber en 1876 dans la *Victoire*, et ce journal lui ayant ouvert ses colonnes, il y resta jusqu'au 16 mai 1877, par un hasard qui aurait pu tout aussi bien l'amener dans le camp opposé.

Mais les heures deviennent difficiles pour la République. Le 16 Mai éclate. On veut terroriser le pays et bâillonner la presse. Tous les républicains, dans un magnifique élan, se serrent autour du drapeau.

La République est en danger ; c'est à qui fera son devoir, au risque même de sa fortune et de sa liberté, dans le hameau aussi bien que dans la grande ville.

C'est ce moment que M. Aimelafille choisit pour déserter son poste. Il quitte la *Victoire*, refusant de mettre son nom au bas de ses articles. Cela ressemble bien à une trahison devant l'ennemi.

Il donna comme prétexte de sa retraite qu'il n'avait pas sa liberté de plume, alors que simplement il n'avait pas eu le courage de prendre la responsabilité de ses écrits. M. Bord, alors propriétaire du journal, rétablit les faits et conclut, dans une lettre adressée, à la date du 20 mai, à son ancien rédacteur et publiée dans la *Gironde*, en disant :

La politique et ma personne n'ont donc rien à voir dans votre fugue.

Qu'il me soit permis, Monsieur, de rechercher ailleurs le prétexte que vous convoitiez depuis quelques mois.

M. Aimelafille ayant répondu par des injures — c'est une habitude qu'il a conservée, — M. Bord, dans une lettre indignée, insérée dans la *Gironde* du 28 mai 1877, écrivait :

Bordeaux, 27 mai 1877.

Monsieur Aimelafille,

Les hommes qui, pour réussir, sont réduits à mordre la main dans laquelle ils ont mangé sont véritablement à plaindre.

Convenons que, cette fois encore, je n'ai pas eu la main heureuse et passons aux faits.

J'ai hâte de clore un débat qui doit médiocrement intéresser les lecteurs de la *Gironde*.

Pour atteindre ce but, voulez-vous consentir à comparaître devant un jury d'honneur auquel nous permettrions de franchir le mur Guilloutet ? J'aurais besoin de remonter jusqu'à la fondation du *Gaulois* de Bordeaux pour faire connaître la valeur de votre parole d'honneur.

. . . . . . . . . . . . . . . . . . . . . . . . . . .

A. Bord.

La *Gironde* prévient qu'elle a supprimé le dernier paragraphe de cette lettre comme relatif à une tierce personne.

M. Bord, après avoir ainsi établi que la politique n'avait rien à voir dans la retraite de M. Aimelafille, lui adresse deux reproches :

Le premier est de « chercher à mordre la main dans laquelle il avait mangé. »

Ah! il a mordu bien d'autres mains depuis, qui lui avaient été loyalement tendues, non seulement « après y avoir mangé », mais après en avoir fait usage pour ses intérêts ou son ambition.

Le second reproche, ou mieux, la seconde accusation formulée par M. Bord, c'est que la parole d'honneur de M. Aimelafille est sans valeur et ne compte pas.

Il propose, pour faire la preuve, de remonter jusqu'à la fondation du *Gaulois*, de Bordeaux, qui était antérieure à 1870.

Si M. Aimelafille mettait sous les pieds sa parole d'honneur dès ses débuts dans le journalisme, croit-on que depuis vingt ans il n'a pas eu l'occasion de laisser protester ses engagements sur l'honneur, ses serments d'amitié, ses convictions inébranlables.

Le 5 octobre dernier, la veille du scrutin, M. Aimelafille faisait afficher sur tous les murs :

Le jury d'honneur que je choisis, c'est le Tribunal Civil.

Là, si mes accusateurs font la preuve des faits qu'ils me reprochent, je m'engage sur l'honneur à donner ma démission de député.

La preuve est faite. La justice a prononcé.

M. Aimelafille parle-t-il de donner sa démission?

Encore une fois, il viole ses engagements, mais ce sera son dernier parjure; car, dans cette affaire, sombrent à la fois sa parole et son honneur!

---

QUATRIÈME STATION

---

## M. Aimelafille Solliciteur de la « Gironde »

(1877)

Après sa désertion du poste de la *Victoire*, qu'il estimait trop dangereux, le journaliste Aimelafille cherchait de tous côtés une situation moins exposée où il pût garder l'anonyme et rester à l'abri de toute responsabilité.

C'est alors que M. Aimelafille écrivit à M. Divin, de la *Gironde*, la lettre suivante :

Mon cher Divin,

Grâce à votre situation et à vos relations, ne pourriez-vous me trouver quelque besogne de presse, ICI ou ailleurs? La plume me brûle dans les doigts : elle a mangé du journalisme, et nul autre mets ne lui agrée.

JE TIENDRAI AUSSI PEU DE PLACE QU'IL FAUDRA, ET SERAI AUSSI SAGE QU'IL CONVIENDRA DE L'ÊTRE.

Je m'adresse tout simplement, tout naïvement à vous, qui êtes le seul du métier que je connaisse assez pour me fier à sa bonne camaraderie.

Je ne vous demande pas d'ailleurs de vous mettre en quatre ni de vous évertuer sans trêve. Jetez un coup d'œil à droite et à gauche; levez le nez, flairez quelques pistes et répondez-moi.

Bien cordialement à vous. Henri AIMELAFILLE.

Cettre lettre, à la suite d'une polémique contre M. Bord dans les colonnes de la *Gironde* (à laquelle, profitant de la circonstance, il avait fait les yeux doux), cette lettre, disons-nous, était une demande formelle d'admission à la *Gironde*.

Le mot **ici**, c'est-à-dire à *Bordeaux*, désigne la *Gironde*, seul organe républicain existant alors en dehors de la *Victoire*.

C'est toujours dans le but de se faire admettre chez cette pauvre « grand'maman *Gironde* » — M. Aimelafille ne disait pas encore « cette vieille fille publique » que l'ancien rédacteur de la *Victoire* promettait humblement de tenir « aussi peu de place qu'il faudrait et d'être aussi sage qu'il conviendra de l'être ».

Et voilà l'écrivain qui osait alors, comme aujourd'hui encore, parler de son indépendance de plume, suivant sa propre expression. Ce n'est pas du journalisme qu'il fait, mais, comme il l'avoue lui-même, de la « besogne de presse ». Et cette besogne n'a jamais été propre.

Ah! c'est qu'il ne songeait point à faire le capitaine Fracasse à ce moment-là. Il n'en coûtait point à ce bouillant écrivain de se faire humble et tout petit et de s'engager à être aussi sage que possible. Une bonne situation à la *Gironde, bien rétribuée*, était son unique ambition.

La sagesse et les appointements, cela valait mieux que l'amende et la prison. N'est-ce pas, Monsieur Aimelafille?

C'est au sujet de cette lettre que M. Aimelafille accusait M. Jourde de colporter sous le manteau qu'éclata entre ces deux futurs collègues de la Boulange l'édifiante polémique dont tout le monde a dû conserver le souvenir, et qui s'étale tout au long dans les colonnes de la *Victoire* (septembre 1881), dont on peut consulter la collection à la Bibliothèque de la Ville.

M. Jourde ne constatait pas seulement que les écrits de M. Aimelafille étaient dépourvus de « politesse » et de « poésie » ; il ajoutait cruellement « qu'il trouvait de la saveur » dans cette lettre à M. Divin, « sortant de la plume d'un radical, voire même à ses heures socialiste » et voulant devenir opportuniste, « après s'être accolé au bonapartiste Taschereau pour outrager odieusement un des plus purs républicains de notre siècle, l'immortel Blanqui ».

Ce sont les propres paroles de M. Jourde que nous venons de citer. (1)

A quoi M. Aimelafille, toujours courtois et délicat dans ses polémiques, répond en appelant M. Jourde « délateur, calomniateur, diffamateur », accusant, en outre, le socialiste révolutionnaire, son futur collègue, de « tramer une machination policière, de commettre une alliance monstrueuse paraissant toute naturelle à la rancune, à l'ambition déçue et à la haine qui emplit certains individus et les pousse aux actes les moins avouables, etc., etc. » (Le style n'a pas changé depuis 1881). Puis..... il avoue la lettre reprochée et termine par une dernière perfidie due à son odieuse habileté d'insinuation qui provoquera contre lui de si terribles représailles, bien fondées celles-là, le jour où la mesure s ra comble. — Il termine donc en s'étonnant que « M. Divin eût quelque chose à donner à M. Jourde, et M. Jourde quelque chose à recevoir de M. Divin? »

A la suite de ces violences, des témoins furent échangés, sans résultat, d'ailleurs : ce qui n'empêche pas aujourd'hui les deux héros de la Thébaïde moderne de faire des dîners sous vitrine à un louis par tête au café de Bordeaux, en compagnie de Robert Mitchell, — noble trio confraternellement groupé contre la République sous l'égide cléricoboulangearde.

Nos lecteurs nous pardonneront cette digression qui est loin d'être inutile.

---

(1) Mais depuis cette époque il est passé beaucoup d'eau sous le pont. Nous lisons, en effet, dans la *France du Sud-Ouest* du 11 janvier 1890, dans le compte-rendu d'une réunion tenue route d'Espagne pour entendre MM. Jourde et Aimelafille.

M. Jourde, ayant pris la parole, s'exprime en ces termes :

« Je m'honore de demander souvent conseil au démocrate que vous aimez tous, qui depuis longtemps déjà guerroie vaillamment contre la réaction opportuniste et que l'on n'épargne pas, lui non plus, en raison même des services qu'il a rendus à la République. Je veux parler d'Henri Aimel. »

Que les temps sont changés !

CINQUIÈME STATION

## M. Aimelafille Opportuniste.

(1877)

Nous avons vu plus haut que M. Aimelafille, qui avait quitté la *Victoire* parce qu'il prétendait qu'elle n'était pas assez radicale pour lui, faisait dans la *Gironde* une polémique contre M. Bord, relatée par ce dernier, et dans laquelle il essayait de discréditer la *Victoire* au profit de la *Gironde*. Il tentait d'entrer dans la place opportuniste, faisait le gentil et cherchait à passer la main sous les jupes de... *cette vieille fille publique*, — comme il appelle aujourd'hui le journal *la Gironde*.

Mais M. Aimelafille ne s'était point borné à la lettre de M. Divin. Il fit également des démarches auprès de M. Counord, le conseiller général de Bordeaux, bien connu pour ses relations avec la *Gironde*, qui le considérait et le considère encore comme l'un des principaux chefs de son parti. Il s'adressait à l'obligeance de M. Counord pour lui demander une recommandation afin d'entrer comme rédacteur en chef à l'*Avenir de la Dordogne*, qui était un organe républicain *des plus modérés*. Plus tard, M. Aimelafille, ayant attaqué M. Counord, s'attira la lettre suivante, que la *Victoire* publia dans son numéro du 28 novembre 1884 :

Bordeaux, le 27 novembre 1884.

A Monsieur Aimel, rédacteur de la *Victoire*.

Monsieur le Rédacteur,

La première fois que je vous vis, c'était chez moi.

Vous y étiez spontanément venu en solliciteur.

Et je vous rendis, sans vous connaître, le petit service que vous me demandiez en vous recommandant chaleureusement à un de mes amis, de qui vous désiriez obtenir la rédaction en chef de l'*Avenir de la Dordogne*.

Aujourd'hui, à propos des travaux de la commission d'enquête sur les projets d'amélioration du Port de Bordeaux, vous lancez contre moi et plusieurs de mes collègues une insinuation calomnieuse.

C'est dans l'ordre. Et je n'en suis ni surpris ni touché.

Si je vous adresse cette lettre, c'est pour relever une petite erreur de fait.

Vous dites que je possède de vastes terrains dans le voisinage des Docks. Vous vous trompez; je n'ai là qu'un lopin de peu d'importance, que j'ai pris l'engagement de donner *gratuitement et entier* à qui de droit au moment de l'exécution des futurs travaux. J'ai possédé autrefois de vastes emplacements sur le cours du Médoc, mais il y a dix ans que j'en ai revendu les dernières parcelles disponibles.

Je vous prie, Monsieur le Rédacteur, de publier cette lettre et j'ai l'honneur de vous saluer. E. COUNORD.

M. Aimelafille fait suivre cette publication de ce commentaire :

Il n'y a dans ce souvenir — la demande de recommandation, — je le dis hautement, rien que d'honorable pour M. Counord et pour moi.

Pour M. Counord, il peut être *honorable* d'avoir rendu le service qu'on venait solliciter ; mais, pour M. Aimelafille, nous demandons ce qu'il peut y avoir d'honorable à pratiquer ainsi l'oubli de ce même service.

Et c'est pourtant à cet homme, dont nous venons de voir les tentatives multiples pour abandonner le radicalisme en faveur de l'opportunisme — si ce dernier en eût voulu ; — c'est à cet homme, disons-nous, que les républicains de Bordeaux ont confié le drapeau de la deuxième circonscription.

Allons ! le scrutin dernier n'a été qu'une surprise, et c'est l'appoint clérical seul qui l'a emporté, car M. Michel Laporte était le candidat réunissant la majorité des radicaux au premier tour de scrutin.

Le clergé ne s'y trompe pas, lui, il sait bien reconnaître les siens !

Ceux qu'il choisit ne peuvent être des républicains, mais des traîtres et des renégats.

---

SIXIÈME STATION

## M. Aimelafille Socialiste.

(1879)

Repoussé par la *Gironde*, M. Aimelafille alla faire de l'opportunisme dans le *Bordelais* ; ce n'est qu'après le 16 Mai qu'il revint, crânement, faire du radicalisme dans la *Victoire*, qui avait changé de propriétaire.

Il fit même plus que du radicalisme, il fit aussi du socialisme.

Les socialistes n'ont pas oublié, n'oublieront jamais l'attitude louche et inexpliquée du rédacteur de la *Victoire* dans l'élection Blanqui, en 1879.

Après l'avoir soutenu une première fois lors de la première élection, lorsqu'il se présenta après son invalidation, il le combattit à outrance. Cette conversion inopinée, due à des causes qui nous échappent, discrédita la *Victoire* au point qu'elle faillit en mourir.

L'excès de zèle de M. Aimelafille contre Blanqui souleva l'indignation générale. Il fut jusqu'à l'accuser d'avoir trahi

Barbès pour sauver sa tête. C'est à cette occasion qu'il s'attira la lettre suivante, dont l'insertion avait été soigneusement omise et qui a paru dans un journal de notre ville sans qu'il y ait été rien répondu :

A Monsieur Henri Aimelafille, rédacteur de la *Victoire*,
rue Cabirol, 11, Bordeaux.

L'article malhonnête dont vous comprenez toute l'insanité, mais que, par besoin électoral, vous publiez contre Blanqui, est un coup mortel porté au reste de crédit de ce petit journal de coterie équivoque et de trafic que vous appelez la *Victoire*.

La *Gironde*, cet autre journal peu estimé et peu respecté, n'a pas eu cependant votre entière mauvaise foi, car; en insérant l'article bête et ignoble des bonapartistes masqués du *XIX° Siècle*, elle a eu la pudeur de publier la réponse **tolérée** par BLANQUI dans la *Marseillaise*.

Ceci prouve que vous appartenez, vous aussi, à cette catégorie de gens prêts à tout faire, à tout dire, à tout écrire, pour servir leurs intérêts. — *Flatter le peuple aujourd'hui pour capter ses faveurs, se faire tantôt radical, tantôt opportuniste, et le reste, si besoin est.*

Triste lâcheté, Monsieur, que vous avez commise là contre un vénérable vieillard de **75 ans**, dont l'auréole de martyr, de courage et de désintéressement inspire aux peuples tant d'admiration, de sympathie et de reconnaissance.

Vous apportez votre voix **prétendue radicale au concert de calomnies** réactionnaires contre BLANQUI et reprochez au lion populaire d'avoir fait des révélations pour sauver sa tête ! ! Hélas ! Monsieur, si j'en juge par ce que vous faites pour servir vos intérêts, que ne feriez-vous donc pas, vous, pour sauver la vôtre ? ? ?

Les hommes de votre trempe sont nombreux malheureusement, et c'est à eux que nous devons le mépris dans lequel sont tombés le journalisme et la carrière politique.

Raoul Caussens,
propriétaire, rue Carrère, 25, Libourne.

Cette lettre est sanglante ; il n'y a rien à y ajouter. Elle date de dix ans, et on croirait que c'est hier qu'elle a été écrite. Ce n'est pas un portrait, c'est une photographie. Servir ses intérêts et son ambition, flatter le peuple et le trahir, tout est là.

Vieux républicains indépendants, qui combattiez l'Empire il y a vingt ans et qui luttiez il y a dix ans en faveur de Blanqui, avez-vous donc oublié ?...

---

SEPTIÈME STATION

## M. Aimelafill[illegible] ntransigeant.

(1880-87)

M. Aimelafille, pour tâcher de relever sa feuille dans l'opinion, s'orienta, après cette mésaventure de Blanqui, vers le radicalisme aigu, intransigeant. Il ne jurait que par Rochefort; Clémenceau était Dieu le père, Camille Pelletan Dieu le fils, et Achard leur prophète.

Cela a duré longtemps. Que d'encens il a brûlé en l'honneur de ce grand chef du radicalisme! Clémenceau rendait des oracles et son très humble serviteur, M. Aimelafille, les traduisait au peuple bordelais.

Mais il s'est trouvé, en fin de compte, que ces directeurs de la conscience politique de M. Aimelafille n'ont jamais pu arriver au ministère. Par suite, les places, les subventions sur fonds d'Etat, secrets ou autres, la décoration tant espérée et si longtemps attendue, n'ont pu tomber en guise de manne sur cet écrivain aussi dévoué que désintéressé. Ce n'a pourtant point été faute de sollicitations et de vives instances, croyez-le, de la part de l'incorruptible journaliste radical.

Enfin, il a bien fallu le reconnaître, « il n'y avait rien à faire de ce côté-là ».

Oh! alors, tout a changé. Le radicalisme ne pouvant rien rapporter, a été, à son tour, remisé avec les vieilles lunes. Les chefs du radicalisme, les Clémenceau, les Pelletan, les Achard, ont été attaqués par leur ancien adorateur, bafoués et rejetés par lui comme des instruments dont on ne pouvait tirer profit.

Haro! sur le radicalisme, qui ne rapporte rien ni à la caisse, ni à la boutonnière.

Vaillants républicains radicaux, électeurs honnêtes, qui faites simplement votre devoir en gens désintéressés, vous qui n'avez en vue que le bien de la République, avez-vous songé un seul instant, par votre vote, à vous associer, à vous faire complices de cette rapacité inassouvie, de cette ambition déçue?

---

HUITIÈME STATION

## M. Aimelafille Boulangiste.

(1887-89)

Clémenceau ne pouvait rien. Goblet ne voulait pas se laisser faire. Alors est apparu un astre nouveau dans l'horizon politique de M. Aimelafille. L'étoile de Boulanger venait de se lever. Il l'avait combattu au début; il se rallia à cet homme au moment précis où tous les républicains le reniaient. Ce qui n'empêcha pas M. Aimelafille de continuer à être antiboulangiste dans le *Don Quichotte*. Quelle conscience de journaliste, et quel honnête député cela pourrait faire?

Boulanger promettait tout et paraissait à la veille d'arriver. Par haine de Ferry, l'opinion publique semblait le suivre. Puis, derrière les épaulettes du général, on voyait luire des pièces d'or, provenant on ne sait d'où? Le ruban rouge tant désiré, le général le promettait par mètre et il y ajoutait la perspective de grasses places largement rétribuées.

C'était bien là le Messie tant attendu. Tout le monde tendait la main. M. Aimelafille, en courtisan du soleil levant, se précipita en tendant son chapeau et il fut décrété candidat officiel de la coalition réactionnaire-boulangiste. Nul plus que lui n'avait l'élasticité de conscience et la servilité nécessaire pour faire un renégat, un candidat du clergé.

Mais l'heure de la curée n'est pas encore sonnée.

Electeurs radicaux de la deuxième circonscription de Bordeaux, manquait-il donc d'honnêtes gens dans vos rangs? Avez-vous pu confier le drapeau de la République à un homme qui a commis toutes les palinodies et toutes les trahisons; à l'allié des ennemis de la République, dont les convictions politiques et la plume vénale sont à qui veut les payer?

---

# VARIATIONS PHILOSOPHIQUES ET RELIGIEUSES

### NEUVIÈME STATION

## M. Aimelafille Jésuite.

M. Aimelafille a commencé par être un rat de sacristie, un chevalier du goupillon; c'est à l'ombre du confessionnal que sa conscience s'est formée. Et cependant, il semble que, s'il est entré dans cette voie, ses aspirations personnelles seules l'y ont poussé. C'est par goût, par tempérament, qu'il s'est jeté dans le mysticisme le plus exalté.

Nous ne reprocherons certainement pas à l'écrivain qui, pour la galerie, dans son journal, se pose comme libre penseur, d'avoir autrefois servi la messe. Mais c'est ce qui explique la connaissance approfondie dont il fait preuve, dans certains articles, des formules religieuses et des *Oremus* de la gent porte-froc. Il en a tant débité, tant récité dans son jeune âge, alors qu'il était chargé d'épousseter l'autel de Saint-Paul et qu'on lui confiait le maniement des burettes!

Sans nous y arrêter, nous nous bornerons à constater que M. Aimelafille, à l'instar de M. Laguerre et peut-être à plus juste titre que lui, a mérité le titre d'enfant de chœur. Passons.

M. Aimelafille a grandi; il est devenu homme, il a son libre arbitre; il connaît la valeur de ses actes, et alors il adhère à la Société de Saint-Vincent-de-Paul. Il est reçu membre de cette Société de jésuites en robe courte, et voilà ce qui devient sérieux.

M. Aimelafille ne s'est pas contenté d'être un membre quelconque de la Société. Il en est membre actif, zélé, pratiquant. Il fait de la propagande et il est bombardé frère visiteur de la sacrée Confrérie.

Il se rend à domicile, le dimanche, voir les pauvres, les assiste. Il leur prêche la bonne parole, et là, dans leur intérieur, il se livre à des enquêtes et à une véritable inquisition, — ce qui est, du reste, le seul but de ses visites.

Ces pauvres diables ayant femme et enfants, le tout crevant de faim, sont-ils assez dévots, assez pratiquants pour être dignes de l'aumône cléricale de la Société et du bureau de bienfaisance, ce qui alors, encore plus qu'aujourd'hui, ne faisait qu'un?

Vous voyez de là le tableau :

C'est un dimanche ou autre jour de fête carillonnée : le Frère Aimelafille se présente à l'improviste. Il entre chez quelque pauvre artisan, ouvrier tailleur ou savetier, en chambre :

— Qu'est-ce que c'est que cette paire de bottes — ou ce paletot — que vous cachez ?... Vous travailliez, sans doute, un saint jour de dimanche?

— Un travail pressé à terminer, balbutie le père, tout en cherchant à dissimuler le corps du délit.

Et la mère intervient. Elle implore...

— On a tant besoin d'argent.... Et les patrons sont si exigeants....

Mais le Frère visiteur est inflexible, lui qui ne manque de rien.

— Travailler au lieu d'aller à la messe, d'assister aux saints offices! N'est-ce pas abominable?

Le pauvre diable d'ouvrier proteste qu'il ira aux vêpres. La femme déclare qu'elle a entendu deux messes, que tous les matins elle fait la prière avec les chères sœurs du Bureau de bienfaisance. La fille aînée passe ses journées à aider les bonnes sœurs à balayer l'église. Le fils est en classe chez les Chers Frères; il va au catéchisme. Et les deux plus petits — qui regardent tout ahuris — sont à la Salle d'Asile du Couvent.

— Vite, faites voir au monsieur que vous savez votre prière.

Ce n'est pas tout ! Au dernier venu, un bébé de quelques mois en guenilles et demi-nu qu'elle a sur les bras et qui ne sait pas encore dire papa et maman, elle fait avec orgueil singer un signe de croix.

Puis, la femme parle, parle toujours ; elle ne tarit pas en éloges sur M. le curé de la paroisse, qui est si bon, mais qui, malheureusement, ne peut lui venir en aide. M. l'abbé aussi, a son compliment, mais lui non plus, il ne donne rien. Ces messieurs ont tant de pauvres à secourir que personne ne reçoit rien.

Et ce bavardage écœurant continue. Et ces pauvres gens, réduits à la mendicité catholique, la plus humiliante de toutes, se courbent, se font lâches, hypocrites, pour se concilier les bonnes grâces de ce jeune inquisiteur; du Frère visiteur de la Société.

Cependant, celui-ci reste farouche. Des gens travaillant le dimanche sous prétexte qu'ils ont faim, méritent-ils qu'on s'occupe d'eux ? L'illuminé leur donne une verte semonce, leur fait un sermon qui ne leur remplit point le ventre et, sur son rapport, la Société supprime le bon de pain qui assurait l'existence de ces misérables.

Quels lointains et gênants souvenirs nous évoquons-là, Monsieur Aimelafille ?

Et qui donc aurait pu supposer que vous aviez été un des membres de la Société de Saint-Vincent-de-Paul aussi enragé que vous avez été un royaliste forcené ?

---

DIXIÈME STATION

---

## M. Aimelafille Proudhonien.

Le socialisme catholique ne donnait pas à M. Aimelafille les satisfactions qu'il eût pu désirer. Sa condition, ne lui permettait pas de frayer avec les autres membres de la Société de Saint-Vincent-de-Paul, tous fils de famille, anciens élèves de Tivoli, gens ayant des situations de parenté, de relations et de fortune qui les groupaient les uns auprès des autres sans autoriser aucune intrusion.

M. Aimelafille, entré dans la Société par un excès de zèle, sentit qu'il y avait des limites, que la fraternité chrétienne de ses confrères en saint Vincent se refusait à franchir. L'écart où il restait lui fit concevoir un violent dépit. Son esprit ulcéré se trouva préparé pour les revendications sociales, les théories philanthropiques et de réformes, exposées dans les écrits de certains penseurs ou économistes.

Proudhon était alors en vogue. Il avait de nombreux partisans, et à Bordeaux il comptait de fervents disciples.

M. Aimelafille devint proudhonien, mais un proudhonien zélé, fréquentant les petites réunions des apôtres, allant recueillir les nouvelles théories auprès des amis du maître. C'était une ardeur de catéchumène; ces réunions ressemblaient aux conciliabules des premiers chrétiens, se réunissant en secret et se sentant en butte aux suspicions de l'autorité.

Qui sait? Peut-être arriverait-on bientôt à faire une révolution sociale, à amener une plus juste répartition des biens, à l'égalité tant rêvée.

C'est ainsi que M. Aimelafille, qui avait toujours au fond de ses poches un volume de Proudhon, se mêlait aux conférences proudhoniennes des admirateurs enthousiastes de celui qui avait osé écrire : « *La Propriété, c'est le vol!* »

Oh! c'est que M. Aimelafille n'était pas encore propriétaire, et que le partage n'avait rien qui pût l'effrayer.

M. Aimelafille n'avait pas encore hérité de la parente qui l'avait élevé et gardé toute sa vie auprès d'elle.

Il ne savait pas encore ce que c'est que de posséder rentes et maisons de bon rapport, honnêtement gagnées par le commerce ou le travail corporel des autres.

M. Aimelafille ne connaissait pas encore la valeur de cette pièce de cent sous, si péniblement arrachée dans les difficultés de l'industrie au client récalcitrant.

M. Aimelafille ignorait alors tout le respect que l'on doit avoir pour une fortune comme celle qui lui était léguée.

Ayant toujours vécu dans une demi-oisiveté, il ne se doutait pas de quels travaux incessants de jour et de nuit cette fortune était le résultat.

On comprend, dès lors, combien le droit de propriété d'un argent si chèrement acquis, si honorablement gagné, parut à M. Aimelafille chose légitime et sacrée.

M. Aimelafille devenu rentier, cessa d'être proudhonien.

Le partage des biens lui parut une utopie inventée seulement par ceux qui ne possèdent rien, et ce n'est pas lui, propriétaire, qui eût jamais écrit : « La Propriété, c'est le vol! »

C'est ainsi que les coreligionnaires en Proudhon furent lâchés à leur tour.

---

ONZIÈME STATION

---

## M. Aimelafille Positiviste.

Les théories du socialisme égalitaire de Proudhon ne valaient plus rien pour M. Aimelafille. Celui qui, par hasard de naissance ou d'héritage, a des écus, parut à ses yeux un être évidemment supérieur, destiné à s'imposer aux masses ignorantes et deshéritées. M. Aimelafille estima qu'il avait le droit de se classer parmi les mandarins d'ordre supérieur.

Un grand esprit dans ses idées philosophiques et sociales avait eu la conception du pouvoir autoritaire ; il avait écrit la *Politique positiviste*, où le pouvoir personnel du chef et la doctrine de l'autoritarisme trouvent leur apologie.

Auguste Comte ne s'était pas borné à sa *Politique* : il avait également voulu fonder une religion positiviste dont les dogmes absolus ne le cédaient en rien à ceux promulgués par l'infaillibilité papale.

M. Aimelafille devint positiviste ; il étudia avec passion les ouvrages de Comte, écrits dans une langue scientifique ardue, dont le sens lui échappait souvent, et hérissés de termes baroques ou barbares créés par l'auteur pour traduire sa pensée.

Auguste Comte ne se lit pas : il faut étudier, expliquer et traduire en langue vulgaire son texte avant de pouvoir se l'assimiler.

Disons-le de suite, Auguste Comte était plus qu'un savant, c'était un homme de génie qui, en apportant dans les sciences et dans l'histoire la méthode positive, a révolutionné l'enseignement et a réalisé dans les études un progrès qui sera la caractéristique de notre siècle.

La démonstration de la vérité dégagée de toute hypothèse, tel est le résultat scientifique de la doctrine d'Auguste Comte, qui eut Littré pour disciple et vulgarisateur.

L'instruction de M. Aimelafille ne se prêtait pas à la compréhension des théories scientifiques pures d'Auguste Comte ; mais, en revanche, il dévora avec ardeur sa politique positiviste, sujette à bien des réserves et des objections. Enfin, avec le mysticisme et l'exaltation qu'on trouve dans ses actes, il se lança dans la *religion positiviste* de Comte, cette aberration d'un homme de génie qui amena une scission de tout le monde savant avec le positivisme orthodoxe religieux doté des pratiques extérieures d'un culte.

Pour nous résumer, le positivisme scientifique d'Auguste Comte a fait de lui un de nos plus grands philosophes dont le nom sera immortel; mais la méthode positive, sortant du domaine des sciences ou de l'histoire pour s'appliquer, avec la rigidité d'une démonstration géométrique, aux choses de la politique, ne peut s'exercer qu'avec un maître absolu devant lequel tout cède. Cette conception ne peut convenir à nos sociétés modernes, qui ont fait la Révolution et possèdent le suffrage universel.

Pour ce qui est de l'absolutisme, passant de la politique à la création d'une religion nouvelle autoritaire, infaillible aux dogmes indiscutables avec les pratiques du culte, c'est la religion positiviste. C'est là l'erreur, la scorie de l'œuvre d'Auguste Comte, qu'il convient de rejeter.

La tendance naturelle de l'esprit de M. Aimelafille, son ancienne éducation cléricale le portèrent tout naturellement à l'adoption de la *politique positiviste* et surtout de la *religion positiviste*.

Auguste Comte pour les positivistes orthodoxes ne se discute pas. Ses écrits sont l'évangile de la secte ; on peut commenter chaque phrase de son texte, mais sans y porter aucune atteinte : ses idées doivent être admises toutes en bloc, sans une seule réserve.

M. Aimelafille étudie le positivisme, s'absorbe dans les théories politiques et religieuses d'Auguste Comte. Pendant qu'il était proudhonien, il portait dans ses poches les petits volumes de Proudhon : mais les massifs in-octavos d'Auguste Comte ne se prêtant pas à ce mode de transport, du reste un peu irrévérencieux, on put voir pendant des années M. Aimelafille tenant un volume de Comte vissé sous le bras en guise de bréviaire. Il ne pouvait faire un pas dans la rue, sortir de chez lui, aller et venir pour les besoins ordinaires de la vie, sans son gros volume, et le soir, à minuit, au moment où il rentrait, il avait encore son fameux livre, qui lui paraissait aussi indispensable pour marcher que le balancier pour le danseur de corde. M. Aimelafille eût pu oublier, pour paraître dehors, de prendre son chapeau ; mais son Auguste Comte, jamais ! Il le lisait et le relisait dans la rue, à table, partout. C'était pour lui, nous l'avons dit, comme le bréviaire pour le prêtre.

Cette comparaison est d'autant plus exacte que M. Aimelafille positiviste, orthodoxe et religieux avait rêvé de devenir le grand-prêtre du culte.

Auguste Comte mourant avait laissé son disciple favori, M. Lafitte, pour lui succéder. C'était et c'est encore le pape de la secte, pontifiant dans la chapelle positiviste de Paris, rue Monsieur-le-Prince, n° 10.

M. Aimelafille, aspirait d'abord à devenir le représentant de M. Lafitte, à Bordeaux, d'être son vicaire ou évêque pour la région.

M. Lafitte est l'érudit, l'homme charmant que tout le monde connaît à Bordeaux, puisqu'il est originaire de Cadillac. C'est le plus aimable causeur et le plus intéressant conférencier qui se puisse imaginer.

M. Aimelafille, alors qu'il était l'apôtre du positivisme, n'avait pas assez d'anathèmes contre Littré, qui a fait pénétrer la méthode scientifique positiviste dans l'enseignement et jusque dans les masses : il en était de même pour tous les savants qui avaient refusé d'accepter la religion positiviste ; tous étaient traités de renégats.

M. Aimelafille se promettait de mettre comme conditions formelles, au cas où il se marierait, qu'on ne se rendrait pas dans une église catholique, mais qu'on irait recevoir la bénédiction nuptiale de M. Lafitte, rue Monsieur-le-Prince. — Ce qui ne l'empêcha pas de se faire marier tout simplement par le curé de la paroisse, billet de confession compris.

En attendant, M. Aimelafille fait le voyage de Paris comme pèlerinage religieux et en rapporte le buste du maître, — qui n'est guère plus beau que celui de Voltaire. De peur de le briser, de Paris à Bordeaux, c'est dans ses bras qu'il le porte, durement assis sur une banquette de troisième classe pendant quinze ou dix-huit heures.

Le voyage de nos députés, par le rapide, en 1re classe et gratuitement, est certainement bien préférable.

A Bordeaux, M. Aimelafille fonde une bibliothèque positiviste selon la formule du maître. Tout livre critiqué par lui est condamné et bon à être livré au bourreau.

M. Aimelafille prend des allures sacerdotales, fait des sermons positivistes, répond à tout par des phrases tirées de l'œuvre d'Auguste Comte, qui remplace pour lui les versets de l'Evangile.

C'est un admirateur extatique de Comte, de sa forme religieuse, c'est le dogme hors duquel il n'est point de salut.

C'est au cours de cette période d'entraînement que M. Aimelafille eut l'idée de faire le résumé de la politique d'Auguste Comte. Ces gros livres, écrits dans une langue scientifique inaccessible presque à tous, ne sont pas connus, ne peuvent se vulgariser. M. Aimelafille entreprit donc pour ses propres études de faire *l'analyse* servile, mot à mot, l'extrait littéral de la *Politique positiviste*. C'était un résumé condensant les idées du maître contenues dans chaque chapitre de son œuvre.

M. Aimelafille pensait d'abord à faire imprimer aux frais de la Société Positiviste, avec la couverture verte obligatoire, ce résumé fidèle. Il échoua. Et ce manuscrit, qui avait été écrit sous l'Empire, avant le 4 Septembre, fut rejeté au fond d'un tiroir sans y attacher aucune importance.

Mais, dans ces derniers temps, lorsque M. Aimelafille pensa à se faire décorer, comme il n'avait aucun titre à faire valoir, pas même un seul volume imprimé à montrer, il songea au fameux manuscrit, qui fut exhumé pour la circonstance. Présenté à Paris, aucun éditeur ne voulut se charger de cette publication.

Cependant, il fallait trouver le moyen de le faire imprimer : impossible de le caser en guise de feuilleton dans un journal politique. C'est alors qu'on pensa à la *Revue socialiste*, où le manuscrit, coupé par tranches, parut audacieusement sous le nom de M. Aimelafille, tandis qu'il s'agissait du résumé des idées socialistes d'Auguste Comte, copiées mot à mot sous forme d'extraits.

Mais Comte est peu connu. Et les socialistes de la meilleure foi purent attribuer à M. Aimelafille les théories du maître.

Notez qu'il s'agit des idées socialistes d'Auguste Comte, simplement analysées et transcrites par M. Aimelafille depuis plus de vingt ans et dont, au moment de leur publication, il ne croyait plus un traître mot.

Et voilà comment M. Aimelafille s'est tout à coup révélé comme socialiste.

Depuis 1870, M. Aimelafille a abandonné le positivisme. Pour recueillir la succession de M. Lafitte, il eût fallu une science, une valeur qu'il n'avait pas : il dut le reconnaître. Il ne put même pas arriver à se faire désigner comme chef du positivisme bordelais.

Après avoir été le sectaire le plus intolérant du positivisme, après avoir voulu, dans son zèle de néophyte, remplacer le dogme catholique par celui d'Auguste Comte, après avoir proclamé l'infaillibilité du maître, M. Aimelafille rejeta le positivisme, dont il n'avait rien à espérer.

M. Aimelafille, à partir de ce moment, n'a pas eu assez de railleries, de critiques acerbes contre ceux qui continuent à payer leurs subsides au culte positiviste, restaient orthodoxes et groupés dans la direction de M. Lafitte.

Nous nous sommes étendus sur cette question du positivisme parce qu'elle a son importance pour expliquer certaines théories politiques ou sociales de M. Aimelafille. Elles appartiennent à Auguste Comte. Il était intéressant également de voir l'ancien membre de la Société de Saint-Vincent-de-Paul voulant participer à la création d'une religion nouvelle tout aussi absolue, infaillible et intolérante que celle des catholiques.

---

DOUZIÈME STATION

## M. Aimelafille Libre penseur.

De même qu'après avoir été clérical militant, il avait renié ses croyances catholiques; qu'après avoir été socialiste, proudhonien, il avait traité d'utopistes ceux dont il avait été le disciple, — de même aussi il avait rejeté bien loin le positivisme.

Il n'a plus aucune croyance religieuse, philosophique ou sociale. Il est devenu *jem'enf...iste*, ce qui ne l'empêche pas, dans toutes les circonstances, comme on le verra plus loin, de se prêter aux pratiques du catholicisme.

Enfin, vers 1875, au moment où Gambetta lança cette vérité qui fut accueillie comme un mot d'ordre : « Le cléricalisme, voilà l'ennemi ! » on vit se former à Paris et sur divers points des Sociétés de libres penseurs pour assurer la liberté des funérailles à ceux que leurs croyances n'attachaient à aucun culte.

Bordeaux également eut sa Société de la Libre-Pensée. M. Aimélafille en fut membre, et dans son journal il fit une propagande active.

Le titre *la Série noire* fut cliché et resta en permanence.

Tout parent qui voulait faire baptiser ses enfants ou les envoyait au catéchisme était vivement blâmé. C'était la croisade prêchée contre le confessionnal et le goupillon. Le maigre clérical du vendredi était conspué, le carême honni et le vendredi-saint on prêchait le banquet de protestation. C'était la levée de boucliers du gigot contre la morue.

On peut retrouver dans la collection de la *Victoire* la série des articles presque quotidiens de M. Aimelafille en faveur de la libre pensée; pendant longtemps elle lui servit de cheval de bataille.

Enfin, le rôle de M. Aimelafille fut si actif, qu'à la fin il ambitionna le titre de président de la Société de la Libre-Pensée de Bordeaux. Ceux qui en furent témoins n'oublièrent jamais cette lutte grotesque pour remplacer un président qui refusait de s'en aller : la fameuse réunion où des femmes se rendirent et où le gaz fut éteint serait digne du chantre du *Lutrin*.

Quoi qu'il en soit, M. Aimelafille parvint à faire une scission, et une nouvelle Société, composée des membres dissidents, se fonda sous sa direction : il l'annonçait en ces termes dans la *Victoire* du 15 janvier 1883 :

LA LIBRE PENSÉE

La cause de la libre pensée ne pouvait être délaissée : cet instrument ne pouvait être abandonné.

C'est pourquoi les membres dissidents se sont préoccupés d'organiser, sur des bases plus larges et plus fécondes, une association destinée à propager par tous les moyens efficaces, le livre, la presse, la parole, les vérités de la science et de la raison, seules capables de lutter contre les mensonges de la superstition théologique.

La libre pensée n'est ni une église, ni une faction politique. Sa doctrine ne repose pas sur les dogmes imposés immuables et indémontrables. Elle repose tout entière en cette formule : libre examen, substitution des vérités démontrées aux vérités révélées; en d'autres termes, au règne de la foi aveugle et ignorante, substitution du règne de la raison éclairée par la science, développée par l'instruction.

Grâce à l'éducation laïque vigoureusement dirigée, l'enfant échappera au cléricalisme, mais la femme! la femme lui reste.

Qui doit céder? la raison de l'homme? ou la superstition de la femme?

L'issue de ce douloureux et fatal conflit ne saurait être douteuse. C'est la raison, c'est la science qui doivent l'emporter sur la superstition, la foi.

Mais, pour agir d'une manière efficace, il faut combiner les efforts, concentrer l'action. L'association des libres penseurs est seule capable de lutter contre l'association formidable des rétrogrades, tous coalisés sous le drapeau noir du *Gesu*.

Henri AIMEL.

Le même numéro de la *Victoire* contenait les Statuts, rédigés par M. Aimelafille, pour la nouvelle Société de la Libre-Pensée, prenant le titre de « Ligue girondine de propagande anticléricale ». Voici les articles fondamentaux de ces Statuts :

1° Provoquer et assurer par des conférences, des lectures et généralement par tous les moyens de propagande possibles, la diffusion et l'extension des idées anticléricales ;

2° Assurer l'exécution des dernières volontés de ses membres en ce qui concerne leurs funérailles civiles ;

3° Aider à la formation sur tous les points du département de groupes locaux chargés de vulgariser la libre pensée et de poursuivre la lutte légale par les livres, la presse et la parole contre le cléricalisme.

Nous avons cru devoir donner la profession de foi de M. Aimelafille en faveur de la libre pensée. Ses déclarations valent mieux que ce que nous pourrions dire ; elles établissent bien d'une façon indiscutable comment il comprend la libre pensée et comment il apprécie et juge le cléricalisme.

Nous allons voir tout à l'heure de quelle manière M. Aimelafille, ce créateur d'une Société de Libre-Pensée dont la *Victoire* était le journal officiel ; nous allons voir, disons-nous, de quelle façon cet irréconciliable ennemi du cléricalisme, cet homme de science de raison, ce chef, ce porte-drapeau de la libre pensée, sait mettre d'accord ses actes avec ses propres écrits, ses déclarations de chaque jour.

---

TREIZIÈME STATION

## M. Aimelafille Clérical, Renégat de la libre pensée.

M. Aimelafille, après avoir renié tour à tour ses différentes croyances religieuses et philosophiques, aurait été susceptible de rester tout au moins fidèle à la libre pensée, qui est la négation de toute croyance.

Il n'en est rien.

Ce fougueux champion anticlérical, fondateur d'une Société de la Libre-Pensée, qui, chaque jour, poursuit dans ses articles tout ce qui touche à la religion, bafoue les ignorants, les aveugles et les simples d'esprit qui ont la faiblesse de croire. Cet homme trahit la libre pensée à son tour; mais, cette fois, son apostasie revêt un caractère particulièrement odieux. Il ne rompt pas délibérément et en face avec la libre pensée pour revenir à ses erreurs des premières années « comme le chien revient à son vomissement ».

Non ! il a une attitude double, lâche, hypocrite. Il a deux faces. Dans la *Victoire*, c'est le directeur, le porte-drapeau officiel de la libre pensée, qui mettrait volontiers tous les curés sur le gril et qui, chaque jour, dans sa SÉRIE NOIRE, en dévore un pour son déjeuner.

Mais chez lui, dans son intérieur, pour les actes de sa vie particulière, M. Aimelafille jette le masque de la libre pensée, bon seulement pour en imposer aux badauds et se jouer des lecteurs de la *Victoire*. M. Aimelafille, qui n'a jamais cessé, au fond, d'être un clérical honteux, se prête à toutes les cérémonies religieuses catholiques qu'il ridiculise dans son journal. Ce libre penseur farouche dans ses écrits, qui combat l'Eglise, blâme et injurie ceux qui se servent du ministère d'un prêtre, n'est, en somme, qu'un apostat qui honteusement, trahit la libre pensée et fait appel au clergé en toute circonstance.

M. Aimelafille se marie une première fois : il était alors dans sa période positiviste. Il avait juré que tout était rompu avec le catholicisme et que c'est à Paris, dans la chapelle positiviste de la rue Monsieur-le-Prince, qu'il irait, après le mariage civil, chercher la bénédiction nuptiale.

M. Aimelafille s'est tout simplement fait marier par le curé de sa paroisse.

M. Aimelafille a un enfant : il le fait baptiser chrétiennement.

Nous ne lui reprocherons pas d'avoir fait enterrer sa femme religieusement; car nul plus que nous n'a le respect de ceux qui ne sont plus, et nous estimons qu'il convient en pareille circonstance de se conformer aux convictions de ceux qui nous abandonnent.

Mais, M. Aimelafille se remarie : il est alors en plein dans la libre pensée : c'est le moment des créations de Sociétés de libre pensée, des luttes contre le clergé pour lui arracher un cadavre, de la polémique passionnée de chaque jour.

M. Aimelafille, semble-t-il, eût pu se contenter du mariage à la mairie, comme un simple Jules Ferry. Pas du tout. Cette fois encore, il se marie à l'église avec tout le tralala habituel et, comme la première fois, produit son billet de confession obligatoire.

M. Aimelafille a un enfant du premier lit, qui a grandi, dont il a seul la libre direction, puisque la mort a emporté la mère. Il l'envoie au catéchisme et lui fait faire sa première communion catholique avec l'accompagnement des petites images, des chapelets, médailles, scapulaires et toute la bimbeloterie cléricale.

Pour un libre penseur qui, chaque jour, reproche aux parents d'envoyer leurs enfants au catéchisme et de leur faire faire la première communion, c'est raide.

M. Aimelafille, depuis, a eu un autre enfant, et il a fait appel naturellement aux bons offices de son curé pour le baptiser.

Tous les différents actes cléricaux que nous venons de relater n'auraient, en somme, rien de bien extraordinaire de la part d'un citoyen quelconque, d'un indifférent, suivant en dehors de toute conviction le courant de l'habitude, du préjugé si difficile à déraciner.

Nous n'aurions ni le droit ni le désir de relever ces actes, qui sont du domaine de la libre conscience.

Mais il s'agit d'un libre penseur, du chef de la libre pensée, de son porte-drapeau en même temps que son porte-parole dans la grande ville de Bordeaux.

Ne semble-t-il pas, dès lors, que la plus vulgaire honnêteté commande de conformer ses actes à ses écrits et à ses professions de foi de chaque jour : ou alors, pourquoi cette hypocrisie. Ne jouez pas la comédie de la libre pensée; allez à la messe, si bon vous semble, mais ne remplissez pas un rôle parce que la clientèle de votre journal vous l'impose et qu'il est de votre intérêt de la flatter pour empocher ses gros sous.

M. Aimelafille peut prétendre que s'il a eu recours pour son usage personnel et celui de ses enfants à tous les sacrements de l'Eglise, c'est qu'il a dû céder à une pression de ses proches. Ce qui, en somme, est arrivé à bien d'autres. Mais si cela est, qu'il conserve au moins la pudeur de ne pas écrire contrairement à sa façon d'agir et de ne pas blâmer chez les autres ce qu'il fait lui-même.

M. Aimelafille se conduit en dévot, observant religieusement le maigre du vendredi, suivant les prescriptions du Carême et des Quatre-Temps. Les lecteurs de la *Victoire* se souviennent sans doute de son article du « Vendredi-Saint ». Il le refait tous les ans. C'est l'insurrection du rôti de veau et du saucisson contre la morue et le hareng saur. C'est l'apologie du gigot, mais sans haricots.

Après avoir fait cet article fulminant, aussitôt le journal tiré, M. Aimelafille met paisiblement son numéro dans sa poche et se rend chez lui, où les haricots l'attendent, mais sans le gigot.

Enfin, il y a bien plus fort que tout cela. A Bordeaux, M. Aimelafille se croit obligé à quelques réserves, mais, au loin, dans le département de l'Ain, par exemple, il n'y a plus à se gêner. Les libres penseurs de Bordeaux ne le sauront pas. Les lecteurs de la *Victoire* l'ignoreront toujours, et là, il commet, lui prétendu libre penseur, l'acte clérical par excellence, celui du catholique le plus militant. Il fait baptiser et se fait le parrain d'un enfant. C'est-à-dire qu'il crée un nouvel adepte à cette même religion qu'il combat.

Cependant, rien ne le force à cela. Il est bien libre. Il n'y a pas de considération quelconque qui puisse le forcer à mentir à sa conscience, à trahir ses convictions.

Et M. Aimelafille, de propos délibéré, se rend à l'église, prend un enfant sur ses bras, c'est lui qui le tient sur les fonts baptismaux, tandis qu'un prêtre verse l'eau. C'est lui qui marmotte les prières qu'il n'a pas eu le temps de désapprendre et qui prend devant l'Eglise l'engagement solennel d'*élever chrétiennement cet enfant, d'être son père spirituel, d'en faire un catholique pratiquant et croyant.*

Lui, lui, le libre penseur du journal *la Victoire*, il se prête à cette comédie indigne, à ce mensonge, à cette trahison de la libre pensée, lui qui, à la même époque, écrit dans le *Don Quichotte* une parodie bouffonne du catéchisme, bafouant tous les sacrements et tout spécialement celui du baptême.

Mais quel homme est-ce donc ? Et quelle conscience est donc la sienne ?

En réalité, jésuite et clérical a été M. Aimelafille, jésuite et clérical il est resté. Son masque de libre penseur n'est que pour la galerie, et nous venons de le lui arracher.

Qu'il cesse donc de chercher à se dissimuler, qu'il se montre désormais tel qu'il est, qu'il continue à fréquenter l'église. Le clergé sait bien à quoi s'en tenir, lui, sur le zèle anticlérical de M. Aimelafille, et il le compte au nombre de ses ouailles.

Les gens du *Nouvelliste* eux aussi ne s'y sont pas trompés : ils ont bien reconnu dans le rédacteur de la *Victoire* un des leurs. Ils l'ont montré aux dernières élections.

Les réactionnaires cléricaux réclament cet ancien membre de la Société de Saint-Vincent-de-Paul.

Il est à eux. Qu'ils le gardent !

Les libres penseurs n'ont que faire de cet apostat, de ce renégat, de ce traître.

---

QUATORZIÈME STATION

## L'Aimelafille de demain, sa dernière trahison.

(1890)

En prélisant la nouvelle trahison de M. le député Aimelafille, celle qu'il commettra demain, nous sommes certains de ne causer aucune surprise aux électeurs bordelais qui sont dès aujourd'hui éclairés et fixés sur la valeur de l'homme.

Cependant, voulez-vous savoir d'une façon précise l'attitude que M. Aimelafille, qui a passé par toutes les nuances de l'arc-en-ciel politique, avait prémédité de prendre dès son entrée à la Chambre et quelle évolution il avait préparée.

Il ne s'agit pas d'une hypothèse, mais d'un plan de conduite réellement arrêté dans son esprit ou plutôt dans l'esprit de son maître, « l'homme d'affaires » Lalou, et ceci depuis le premier tour de scrutin. L'exécution avait été simplement ajournée au lendemain des ballottages.

Le boulangisme était fini et enterré, tout le monde était d'accord à cet égard : les gens qui font métier de politique savaient à quoi s'en tenir dès le 22 septembre. Il n'y avait plus aucune illusion à se faire. La caisse était fermée, la débâcle a marché grand train.

Le candidat boulangiste Aimelafille savait cela aussi bien et mieux que personne. Déjà, il s'arrangeait pour une nouvelle palinodie, une nouvelle incarnation.

Dans ses articles du lendemain de l'élection, la trahison était déjà commencée et l'évolution se dessinait : M. Aimelafille, candidat boulangiste, qui s'était présenté aux électeurs en invoquant le nom de Boulanger et aussi en frappant à sa caisse, M. Aimelafille prenait ses mesures pour lâcher son patron électoral. Dans ses écrits, aussitôt l'écrasement du premier tour, il ne parlait plus de reconnaître Boulanger pour un maître, pour un directeur. Il était seulement question d'en faire un commandant de corps d'armée, et, du premier coup, voilà Boulanger chef du parti dit national supprimé de la politique, il n'aurait même plus le droit d'être un simple député.

Donc, le député Aimelafille, doublant le journaliste caméléon que nous venons de mettre à nu — en partie seulement — était décidé à renier Boulanger et le boulangisme, et à se déclarer simplement révisionniste.

Révision qu'on pouvait réclamer platoniquement, puisque, à la Chambre, elle ne devait réunir qu'une infime minorité.

Et voilà comment l'évolution devait s'accomplir, la trahison se consommer.

Mais les événements ont trompé la tentative.

M. Aimelafille s'est efforcé vainement de se rapprocher des républicains radicaux, qu'il avait insultés et trahis. Rejeté par eux comme un renégat, il a vu tracer autour de lui un cordon sanitaire qu'il n'a pu franchir et qu'il ne franchira jamais.

Donc, las du boulangisme ruiné, rejeté par les radicaux qui le méprisent, M. Aimelafille — dont le rôle politique est d'ailleurs terminé, puisque sa démission promise va certainement lui être imposée par ses électeurs. — M. Aimelafille, redevenant, comme autrefois, simple particulier, n'a plus qu'un lieu d'asile : la réaction et le cléricalisme.

La compromission n'est-elle pas déja publique ?

Le *Nouvelliste*, l'organe des réactionnaires et des cléricaux, n'a-t-il pas ses deux bras ouverts au déserteur de la cause républicaine ? Ne le reconnait-il pas pour un des siens ? M. Aimelafille n'a-t-il pas fait ce pacte d'alliance, avoué par le journal clérical *le Monde*, où l'on parle des engagements pris par le trio boulangiste Aimelafille-Chiché-Jourde « de nature à rassurer les consciences catholiques ».

Et, conformément au mot d'ordre de M. Paul de Cassagnac, qui considère le duc d'Orléans comme le successeur du général Boulanger, n'a-t-on pas vu les avances aimables faites dans la *France* par M. Aimelafille en faveur du jeune prétendant au trône.

Le trône et l'autel ! Si l'on se rappelle la trahison de la station précédente contre les libres penseurs en faveur du cléricalisme, nous voilà complètement revenus à l'Aimelafille des premiers jours, défenseur du trône et serviteur de l'autel.

La girouette qui sert de boussole à M. Aimelafille a tourné à tous les vents.

L'aiguille de sa politique a fait le tour du cadran, et la voilà maintenant à son point de départ.

M. Aimelafille a parcouru les quatorze stations du « chemin de la croix », sans pouvoir l'obtenir.

Il ne peut plus que revenir sur ses pas.

Il n'a plus d'amis à trahir, d'opinions à vendre, de parti à livrer.

Ses appétits inassouvis le condamnent désormais à rééditer ses hypocrisies, ses apostasies et ses hontes.

---

# SEPTIÈME PARTIE

# M. AIMELAFILLE ET SES DÉFENSEURS

## Jugés par leurs amis politiques.

## M. Aimelafille jugé par M. Jourde. — M. Davenne jugé par M. Charles Bernard. — MM. Aimelafille et Gilbert-Martin jugés par M. Ernest Roche.

### M. Davenne jugé par M. Charles Bernard.

Voici un portrait à la plume qui a été publié récemment dans un journal littéraire de notre ville, la *Chronique Bordelaise*, et qui y a obtenu un grand succès.

Il était signé « Carolus Rual », pseudonyme bien connu de M. Charles Bernard, conseiller d'arrondissement, ami particulier de M. Jourde, et concernait M. Davenne, ex président du Comité révisionniste de la Gironde, président du cercle boulangiste Louis-Blanc, ex-candidat blackboulé au Conseil général, où il aspirait à remplacer le général Boulanger, et enfin présentement, depuis le 8 mars dernier, président du nouveau Comité Aimelafille.

Il ne faut pas oublier que, durant la dernière période électorale, M. Charles Bernard a été acclamé dans toutes les réunions publiques et a présidé tous les grands meetings révisionnistes. M. Aimelafille n'eût même jamais été élu député s'il avait convenu à M. Charles Bernard d'accepter la candidature, qui lui avait été offerte par de nombreux électeurs républicains radicaux de la deuxième circonscription.

C'est assez dire la valeur toute particulière des appréciations de M. Charles Bernard sur M. Davenne.

Voici, d'ailleurs, le portrait... ou, pour parler plus exactement, la photographie :

BAOUL DAVENNE

R. Davenne, *alias* Raoul David et Bakkos, à la *Revanche*, ex-élève en pharmacie, ex-comptable, ex-président du comité républicain révisionniste, ex-candidat du 4e canton, présentement blackboulé.

Grand, blond, pâle comme un clair de lune, la Dame aux Camélias faite homme. L'œil est glauque, rond, louche, clignotant, inquiet. Le nez est effilé, renflé dans le bout, comme une baguette de tambour. La bouche est mince, coupée au rasoir mal aiguisé, surmontée d'une moustache rare et blonde comme les blés.

M. Davenne est né à la vie politique depuis quelques années seulement. N'a pas trouvé sa voie, la cherche, et, pour ce qui lui reste encore de poumons, donnerait ce qu'il a, et surtout ce qu'il n'a pas, pour être quelqu'un ou quelque chose.

Pose pour le puritain, le quaker.

S'exerce à la belle éloquence et, comme Démosthène, se fourre dans la bouche des cailloux gros comme le poing pour combattre l'espèce de zézaiement dont il est affecté.

Est aussi courageux et prudent qu'un lièvre et, comme cet intéressant quadrupède, cherche son salut dans la fuite.

Insulte tout le monde et Depay; refuse de donner satisfaction à ceux qu'il injurie, s'exerce au pistolet, en chambre, et ne manque jamais l'occasion de se fourrer dans le trou d'une cave pour échapper aux foudres en carton-pâte d'un directeur de théâtre.

Et je le prouve :

Alors que Davenne écrivait à la *Revanche*, sous la signature « Bakkos », Depay, fortement embêté des attaques de R. Davenne, tomba un jour comme une bombe chez le rédacteur en chef de ce journal.

— Qui signe « Bakkos », demanda-t-il, je veux le savoir?

Impossible, Monsieur, répondit le rédacteur en chef; Bakkos ne veut à aucun prix se découvrir ; mais, ajouta-t-il, si vous jugez les articles offensants pour vous, j'en assume toute la responsabilité.

— Mais, pas du tout! pas du tout ? Je suis venu ici pour connaître celui qui signe du pseudonyme de Bakkos; et, après un moment de silence : « Est-ce-vous. »

— Non pas ! mais, je le répète, si vous cherchez une poitrine, je vous offre la mienne.

Ce fut le dernier mot de cette première entrevue.

Quelques jours après, nouvelles attaques de Bakkos — à vaincre sans péril, on triomphe sans gloire ; — nouvelle visite de Depay, mais d'un Depay furieux, écumant, effrayant, terrible. Par hasard, ce jour-là, R. Davenne se trouvait chez son rédacteur en chef. Courir dans les cabinets d'aisances, s'affaler dans la cave et se blottir dans un trou de rat, fut pour notre courageux personnage l'affaire d'une seconde...

Néanmoins, malgré les menaces du directeur du Théâtre-Français, le rédacteur en chef de la *Revanche* tint bon et ne voulut pas consentir à divulguer le nom de son collaborateur. Ce qui fait que M. Depay s'en alla comme il était venu, gros Jean comme devant.

Déjà une heure s'était écoulée et, toujours, Davenne moisissait au fond de la cave.

Quelques coups discrets vinrent, cependant, avertir que Bakkos, l'infortuné Bakkos, perdait enfin patience.

— Est-il parti ? murmura R. Davenne, montrant, à l'instar d'un diable sortant d'une boîte, une tête cadavérique et suant la peur.

— Non ! pas encore ! et d'un coup sec la trappe fut refermée par son rédacteur en chef.

Mais il faut une fin à tout ; le supplice avait assez duré. Davenne, rendu à la liberté, remonta à la surface ; il avait vieilli de dix ans.

*Ecce homo*. Voilà l'homme, l'homme qui cherche, au moment du danger, à s'abriter derrière un paravent, qui S'ENGAGE PAR ÉCRIT à payer des bénéfices et à subir des pertes et qui, ne touchant pas de bénéfices — faute de grives on mange des merles, — fait Charlemagne devant le tribunal de commerce quand sonne le quart d'heure de Rabelais.

Est-il jugé, toisé ?

J'aurais pu dévider tout le chapelet avant l'élection, mais j'aurais semblé faire le jeu de l'opportunisme, et je ne l'ai pas voulu.

J'appartiens, en effet, à cette génération vaillante, courageuse, qui accepte tout hardiment, mais qui recule devant une manœuvre sentant légèrement le roussi.

J'attaque à visage découvert et, si ceux qui seront l'objet de mes articles s'en plaignent, ils trouveront toujours un homme qui n'ira pas chercher son salut dans des cabinets d'aisances.

Ça, non ! jamais de la vie.

Carolus RUAL.

---

## M. Aimelafille jugé par M. Jourde.

Nous extrayons du journal *la Voix du Peuple* (journal républicain socialiste, qui paraissait à Bordeaux en 1881) l'article suivant, qui y fut publié le vendredi 9 septembre 1881, SOUS LA SIGNATURE DE A. JOURDE, le collègue boulangiste actuel de M. Aimelafille :

### A LA BARRE DE L'OPINION PUBLIQUE

Le numéro du 5 septembre, paru le 4, du journal *la Victoire* contient une lettre de moi en réponse à un factum grossier, que le sieur Aimel ou Aimelafille m'avait envoyé, et inséré en même temps dans son journal du jour précédent.

Le sieur Aimelafille, en insérant ma réponse, l'a fait suivre de deux colonnes de commentaires odieux, dans le but bien prémédité de porter atteinte à mon honneur.

Le 5 septembre, dès neuf heures du matin, je faisais remettre au sieur Aimel la lettre suivante :

« Bordeaux, 5 septembre 1881.

» Monsieur Aimelafille,

» J'ai lu dans la *Victoire*, hier au soir, trop tard pour vous répondre, les commentaires injurieux dont vous avez le goût de faire suivre ma réponse à votre lettre.

» Adversaire loyal du candidat Gilbert-Martin, je n'avais trouvé chez cet honorable citoyen que la plus parfaite courtoisie à mon égard; courtoisie, du reste, qui distingue toujours un galant homme d'un manant.

» Il vous plaît, à vous, Monsieur, de me prendre pour votre bouc émissaire, et je vous laisserais cette fantaisie si elle pouvait faire votre bonheur; mais, ce que je ne puis absolument pas vous laisser, c'est le vilain rôle d'insulteur. Vous m'insultez, Monsieur le Rédacteur en chef de la *Victoire!*

» Défendant mes droits et mes convictions, je ne m'attendais certes pas à un coupe-gorge, et je déplore, Monsieur, celui dans lequel vous me jetez avec tant de facilité.

» C'est assez vous dire, Monsieur, que, derrière le journaliste Aimel, je compte trouver, et je n'en doute pas, un homme suffisamment estimable pour, de deux choses l'une : *rétracter formellement en tout ce qu'il y a d'injurieux pour moi et insérer à la même place dans votre journal* l'écrit qui précède et suit ma lettre ou bien me donner une réparation par les armes.

» J'attends, Monsieur, votre réponse immédiate avant de cesser de vous tenir pour un homme d'honneur.

» Je vous salue. » JOURDE. »

Et, sur la réponse de M. Aimelafille écrivant que, « de M. Jourde à lui, il ne pouvait y avoir lieu ni à rétractation ni à réparation », M. Jourde ajoutait :

« Puisque vous ne vous sentez pas en goût de me rendre raison, je vais vous citer à la barre de l'opinion publique, qui jugera entre vous et moi. — Ah! vous êtes tombé sur un Reinach de contrebande. Voyez combien je suis moins heureux dans mon cas : en tombant sur vous, je tombe du premier coup sur un vrai Reinach, mais un authentique et complet; un Reinach qui insulte et ne se bat pas; un Reinach qui, comme le premier, a l'instinct de la conservation démesurément prononcé; un Reinach qui n'a pas eu même la pudeur de s'abstenir de parler de moi dans son journal, pendant que nos quatre honorables témoins d'honneur délibéraient sur notre différend.

» Pouah!

» Pour éclairer la religion du public, voici maintenant l'histoire de la fameuse lettre à moi communiquée par M. Divin et l'usage que j'en ai fait. Il y a quelque huit ou dix mois, je causais avec M. Divin d'une polémique qu'il avait eue avec la *Victoire*, et je lui disais dans notre conversation :

« Mais, la *Victoire* est radicale, et vous, vous êtes opportuniste. » Alors, il me dit qu'elle n'était pas si radicale que cela, puisque son rédacteur en chef avait demandé à entrer à la rédaction de la *Gironde*. Comme je témoignais de ma surprise, il me promit de m'en donner la preuve. En effet, il me fit lire la lettre du sieur Aimel. Depuis, j'en ai parlé à quelques personnes, mais simplement pour contester le radicalisme du sieur Aimel. Et ceux qui ont fait la besogne de lui rapporter mes paroles pourront lui rapporter aussi, qu'après avoir dit que les mots **ici** ou **ailleurs** voulaient dire *à la Gironde* ou ailleurs, j'ai ajouté : bien entendu, *ailleurs* veut dire dans un journal républicain de n'importe quelle nuance.

» En un mot, je le répète, je n'ai fait autre chose que contester le radicalisme d'un journaliste, et c'était mon droit.

» Tout le monde avouera qu'en cette histoire je n'ai point diffamé, calomnié ou attenté à l'honneur du sieur Aimel. Tandis que lui m'a outragé, diffamé, cherché à attenter à mon honneur, durant deux grandes colonnes de son journal, et qu'après avoir fait cette indigne besogne, il l'a vendue, à son bénéfice, à raison d'un sou le numéro.

» Une dernière fois, j'estime mon honneur plus que ma vie, et *si le sieur Aimel ne se rétracte pas formellement ou ne se bat pas, je le tiendrai pour un lâche.* » A. JOURDE. »

Et comme conclusion de cet article on lit ce qui suit :

Le citoyen Jourde adresse à ses témoins, MM. Charles Bernard, pharmacien, et Joubert, entrepreneur, la lettre suivante en réponse à leur procès-verbal :

« Bordeaux, 7 septembre 1881.

» Mes chers amis,

» Je viens de recevoir le procès-verbal que vous m'avez envoyé. **Je regrette bien vivement de vous avoir dérangés pour rien.**

» Merci de votre bonne amitié et, avec tous mes remerciments, agréez, mes chers amis, mes deux meilleures poignées de main. » A. JOURDE. »

---

## MM. Aimelafille et Gilbert-Martin jugés par M. Ernest Roche.

En 1881, M. Ernest Roche guerroyait à Bordeaux pour les idées socialistes dans la *Voix du Peuple*. N'étant pas encore devenu le collègue boulangiste de M. Aimelafille, il démasquait avec énergie, de concert avec M. Jourde, le faux républicanisme du rédacteur en chef de la *Victoire*.

Il n'est pas inutile d'évoquer le souvenir de certains de ces articles de M. Ernest Roche ; ils paraissent écrits du jour.

Celui que nous reproduisons plus bas, publié dans la *Voix du Peuple* du 3 septembre 1881, établit que, bien avant la période où nous avons puisé la plupart de nos documents, « *Don Quichotte et Sancho Pança, c'est-à-dire Gilbert-Martin et Henri Aimelafille, avaient, qui hurlait derrière eux, tout un passé d'intrigues, de compromissions, de luttes contre les véritables et les plus vénérables des républicains.* » C'est M. Roche qui parle ainsi.

DON QUICHOTTE ET SANCHO PANÇA

> Je suis oiseau, voyez mes ailes,
> Vive la gent qui fend les airs!
> . . . . . . . . . . . .
> Je suis souris, vivent les rats!
> Jupiter confonde les chats.

La *Victoire* a la spécialité des situations fausses ou malhonnêtes.

Elle a pour pilote, d'ailleurs, un individu auquel nulle besogne ne répugne. Tour à tour collaborateur et ami du fameux bonapartiste Levraud, bien connu, puis radical, puis solliciteur auprès de la *Gironde*, à laquelle il promit, dans une lettre, d'être *bien sage (sic)*, bien sage, si on lui ouvrait les portes de l'hôtel de Cheverus! faisant campagne un instant pour le vénérable Blanqui, et tout à coup, procédant à ses volte-face habituelles en ramassant l'ordure Taschereau, pour en salir le vieillard sans défense.

Versant de grosses larmes à la mort du bombardeur de Paris, comparant Gambetta aux dieux de l'Olympe, déclarant que lui seul avait le droit de gouverner la France, rompant avec ses déclarations à mesure que le vent souffle d'un autre côté, et se posant en adversaire d'un homme qu'il comparait à Jupiter et d'une politique qu'il considérait comme la quintescence de la sagesse et du républicanisme raisonné.

Cette pesante girouette, qui obéit au souffle, non de certains vents, mais de certains miasmes; que personne n'a jamais pris au sérieux et qui prend, à côté de Don Quichotte, le piètre rôle de Sancho Pança, se pose en pourfendeur de candidature.

— Où sont-ils, ces candidats moulins à vent, qui vont disputer le siège législatif à mon maître?

Et Sancho, retroussant sa moustache, les désigne indistinctement à la colère publique.

— Celui-ci? pensez-vous; c'est un vieillard de soixante-quinze ans, honnête tant qu'on voudra, ferme républicain, je vous l'accorde, habitué aux affaires politiques et administratives durant une longue carrière, soit: mais son âge, son âge!...

— Celui-là (Maurin), c'est un candidat de paille... ce n'est qu'un ouvrier! ah! ah! ah!

Et Sancho de rire... un ouvrier!...

— Voyons, en conscience, bons travailleurs, pensez-vous voter pour un ouvrier? Il est collectiviste, anarchiste, socialiste, révolutionnaire... jetez-le dans l'égout.

— Cet autre!... Tiens, de quel droit un groupe d'électeurs se permettrait-il de présenter un candidat autre que Gilbert-Martin, s'appela-t-il Darnat?

Et Sancho de l'appeler candidat de carton.

— En voici un, par exemple, c'est moi qui vous l'offre. Voyez ça, quelle élégance, hein! comme c'est tourné, pincé, étrillé, cambré! ça mesure six pieds, un vrai candidat, là!

— Les états de service? Oh! ses états de service? Il a d'abord en 1875, plaisanté, ridiculisé. (Pour le plaisant et le ridicule, à lui le pompon). Il a donc, dis-je, plaisanté, ridiculisé ce petit bonhomme de Louis Blanc, qui se permettait d'être radical, alors que Gilbert-Martin le Grand (ne confondez pas avec le long) n'était qu'opportuniste. Il a, oh ! profondeur ! il a imaginé le clysopompe légendaire, qui lui sert de base et de piédestal aujourd'hui, et qu'il braque sans cesse contre ceux qui ont l'audace de suspecter ses qualités oratoires ou législatives.

Quel homme ! (ici, Sancho s'essuie le front) Il a défendu l'élection Blanqui, il l'a ensuite combattue. Il a fait partie du Congrès où fut décidée la candidature Achard ; aux élections du Conseil général, il a noblement refusé d'être candidat, alléguant alors le puissant motif qu'un journaliste, qui n'était autre chose qu'un agent de l'opinion publique, ne devait pas briguer de poste qui l'empêchât d'être un critique impartial et un juge sévère. De cette noble morale, il vient noblement de s'en détacher.

Qui parle d'hommes sérieux ! d'opinions arrêtées ! Quel homme fut jamais plus sérieux que Gilbert-Martin, qui fait métier d'écrire des farces ?... Quel homme d'opinions plus arrêtées que celui qui se déclare aujourd'hui l'ami de la politique de Louis Blanc, qu'il a traîné dans le ridicule et qu'il a formellement désavoué, il y a tout au plus six années !

Sancho Pança a pourtant de vagues inquiétudes la nuit... Diable ! diable ! Si, pour tout de bon, on allait croire ce que je dis et prendre mon Don Quichotte pour un radical à tout crins. Vite une sourdine !

Et le lendemain il écrit de sa plume d'oie :

« Je ne me préoccupe pas ici de savoir si M. Fourcand-Léon est plus progressiste que Gilbert-Martin et si Gilbert-Martin est plus intransigeant que M. Faurcand-Léon.

» J'admets, par hypothèse, que leurs programmes sont, au fond, identiques, et je crois très sincèrement que l'un et l'autre candidat sont, à degré égal, de bons et solides républicains. »

Voilà le radicalisme de Gilbert-Martin tombé dans la mélasse opportuniste. Sancho admet qu'il n'y a pas de différence entre les programmes de l'un et de l'autre candidat.

Pauvres sires que tous ces gens-là, prenant les électeurs pour d'autres, des moutons ou des moulins à vent !...

Tout cela n'est pas sérieux et n'a que trop l'air d'une représentation tintamarresque. Nous sommes heureux d'apprendre que le comité socialiste, qui poursuit en dehors de ces agitations malsaines et bouffonnes la réalisation des principes chers au peuple, convenables à la liberté, compatibles avec sa dignité inviolable, maintient son drapeau pur de toute métamorphose, de toute compromission et de toute faiblesse.

Les travailleurs sérieux laisseront le plaisantin pour l'ouvrier.

Les travailleurs socialistes laisseront l'opportuniste d'hier, opportuniste aujourd'hui, qui le sera encore demain, pour l'homme dont tout le passé est une attestation de dévouement, de sacrifices et d'énergie.

Une minorité sous le nom de Maurin est un échec dont il sera possible de se relever bientôt.

Une majorité sous le nom du faux radical et du faux socialiste Gilbert-Martin (1) est une déroute pour le parti tout entier.

Il faut au peuple des situations nettes, des lignes droites, des dévouements éprouvés, des antécédents irréprochables.

Don Quichotte et Sancho Pança, c'est-à-dire Gilbert-Martin et Henri Aimelafille, ont, qui hurle derrière eux, tout un passé d'intrigues, de compromissions, de luttes contre les véritables et les plus vénérables des républicains. Les Louis Blanc, les Madier-Montjeau, les Blanqui furent traînés par eux dans le ridicule ou dans la fange.

Dimanche, le peuple les traînera à sa barre (2) pour les y souffleter à leur tour.

Ernest Roche.

Nous avons pensé qu'il était intéressant de clôturer ce volume en publiant les appréciations qu'on vient de lire.

Voilà M. Aimelafille jugé par ses amis et collègues boulangistes !

Il ne pourra certes pas contester la sincérité de ces nouveaux juges dont, tous les jours, dans ses journaux, il proclame l'honorabilité et la bonne foi.

---

(1) C'est à propos de cette même candidature Gilbert-Martin que M. Édouard Bertin père, l'honorable avocat, écrivait à M. Maurin, l'un des candidats, une lettre dont nous détachons le passage suivant :

M. Gilbert-Martin candidat radical ! mais ce n'est pas sérieux. C'est Don Quichotte qu'on vous présente, non pas celui de la Castille, mais bien celui de Bordeaux, celui du clysopompe et de mille autres charges d'atelier qui nous ont donné le gros rire. On ne l'a pas même dépouillé du veston de l'atelier. c'est Gilbert-Martin qu'on nous présente sous son nom de guerre, comme un Haydée ou d'une Mathilde quelconque et non M. Martin de l'acte de l'état civil. MM. Dumontet, Paul et Julien ont trouvé charmant de faire voter pour un pseudonyme.

(2) Conformément à la prédiction de M. Ernest Roche, le suffrage universel, plus soucieux de son vote qu'aux élections dernières, souffleta d'un échec méprisant le Don Quichotte de Sancho Pança. M. Martin (Gilbert) resta sur le carreau pour ne plus se relever.

# HUITIÈME PARTIE

## CONCLUSION

On nous rendra cette justice — ainsi que cela a été constaté dans le jugement qui condamne M. Aimelafille — que nous sommes constamment restés au-dessous des violences de langage habituelles de celui qu'on a pu surnommer « Bouche-d'Egout ».

Le tribunal, dans un de ses considérants, a même reconnu que nous n'avions pas excédé les bornes de la défense dans notre mémoire reproduit dans les première et deuxième parties de ce volume.

Par contre, les violences, les injures, les insinuations perfides, les calomnies, les diffamations odieuses forment le fond de tous les articles de M. Aimelafille.

Il ne parle jamais de personne sans le traiter de *vendu* et de *voleur*.

S'il s'agit de simples députés, il les appelle « tourbe de nullités, de tripoteurs, de vendeurs de croix, de tous ces vampires qui sucent le meilleur de notre sang et se gorgent d'or à nos dépens ».

S'il est question du ministère, après les accusations de prévarication, il dénonce « les infamies, les iniquités, les violences d'un pouvoir déshonoré, de cette bande ministérielle qui sera mise dehors, en attendant qu'on la mette dedans ».

Dans sa profession de foi, il est encore plus explicite. Il veut mettre les ministres « à leur vraie place, sur les bancs de la cour d'assises ».

Dans ses polémiques, à défaut de raisons, il insulte. Son répertoire de poissarde serait capable de faire rougir la mère Angot. C'est bien une « bouche d'égout » aux émanations fétides, qui déverse l'ordure.

Parlant de la *Gironde*, qui, cependant, est assez guindée et gourmée dans ses articles, il la qualifie de « cette vieille fille publique ».

C'est avoir, Monsieur Aimelafille, une mémoire bien courte ou bien cruelle.

Croit-on qu'en pratiquant ainsi ce système d'injures et de calomnies, M. Aimelafille ne s'expose pas à des représailles, bien fondées celles-là, et qui seraient si faciles et si terribles contre le député boulangiste.

Mais nous n'avons cependant attaqué que l'homme polititique, malgré l'autorisation qu'il donnait de pénétrer dans la vie privée... des autres candidats.

« Il faut bien parler — écrivait-il dans la *Victoire* et la *France* — de la vie privée dans un temps où la vie publique de nos hommes politiques se confond si étroitement avec leur vie privée. »

Il est vrai qu'en même temps il publiait ces articles affolés où la crainte du *cadavre* éclatait manifestement.

Nous pouvons savoir où il gît : mais on ne nous reprochera pas de l'avoir déterré.

M. Aimelafille, candidat à la députation, et aujourd'hui député, appartenait à la critique pour tous les actes de sa vie politique.

Il était du droit et du devoir de tout électeur de s'enquérir et de renseigner le corps électoral sur la valeur morale de l'homme qui sollicitait le mandat de député.

Nous avons mis à nu les agissements de ce journaliste, nous l'avons montré cherchant à se mettre aux gages de Wilson, puis sollicitant des places et des subsides auprès de M. Clémenceau, mendiant la croix de la Légion d'honneur, en désespoir de cause et par dépit reniant ses amis politiques pour se mettre au service d'un César de rencontre.

Enfin, nous avons montré le traité par lequel M. Aimelafille a vendu la *Victoire* et le parti radical à M. Lalou. Nous avons fait connaître les clauses qui lient ce journaliste indigne de ce nom au propriétaire de la *France*.

Et toute la presse de Paris — citons, au hasard : l'*Echo de Paris*, l'*Estafette*, la *Justice*, la *Lanterne*, le *Mot d'Ordre*, la *Nation*, la *Paix*, *Paris*, le *Radical*, le *Rappel*, la *République française*, le *Siècle*, la *Bataille*, le *Temps*, le *Parti National*, etc., etc., — toute la presse, disons-nous, sauf naturellement les deux ou trois feuilles boulangistes, nous a prêté son appui et a enregistré dans ses colonnes les écrasants considérants du Tribunal, protestant, au nom des journalistes, contre un semblable traité, unique en son genre, qui fait du journaliste un être servile, tombé plus bas qu'un domestique.

Le Tribunal Civil de Bordeaux, dans son jugement si flétrissant pour M. Aimelafille, a fait justice.

M. Aimelafille a été convaincu de vénalité.

Vous, Monsieur Aimelafille, qui avez renié tous les partis,

qui avez trahi tous ceux qui furent vos amis, vous méritiez bien enfin d'être dévoilé.

Il n'est pas une gloire sur laquelle il n'ait bavé; pas un honneur qu'il n'ait tenté de ternir; pas une amitié qu'il n'ait trompée afin de satisfaire ses appétits d'argent ou son ambition. C'est une vessie de fiel qu'il a à la place du cœur. Sa face bilieuse et grimaçante, son œil faux et en dessous, qui n'a jamais pu fixer personne; tout révèle son caractère jésuitique et vipérin. C'est le reptile de M. Lalou.

Cet homme, dans son orgueil immense, a fini par considérer son nombril comme le centre du monde.

Il tombe sous le coup de ses propres trahisons, de ses palinodies, de ses tripotages, de sa vénalité ! Et il éprouve le besoin de se dire la victime d'un parti politique tout entier qui aurait ourdi une conspiration contre lui.

C'est vous faire illusion sur votre importance, Monsieur Aimelafille !... Il n'en fallait pas tant pour vous abattre.

Il suffisait des cinq questions de l'*Express*, formulées en vingt lignes, pour vous ôter le masque.

La main qui vous frappe, qui vous atteint si cruellement, qui vous tue dans votre honneur, n'allez donc pas la chercher ni si haut ni si loin. Vous la connaissez bien : c'est celle de la justice, qui vient lentement, mais qui vient toujours !

Oui! la justice vient de vous atteindre et de vous tuer! au moment où, par les moyens les plus malhonnêtes, vous aviez atteint le succès immérité.

Mais, du siège législatif que M. Aimelafille a escaladé, la justice le force à descendre !

M. Aimelafille n'a-t-il pas dit au meeting de l'Alhambra, le 4 octobre :

« Si l'*Express* prouve ses accusations, je me considèrerai comme flétri » ?

N'avait-il pas imprimé dans la *France*, dans la *Victoire* et sur des milliers d'affiches :

« Si l'*Express* prouve ses accusations devant le Tribunal Civil, je m'engage, *sur l'honneur*, à donner ma *démission* »?

Eh bien ! le jugement a été rendu.

Les accusations ont été reconnues vérités.

Pour tout honnête homme, cet engagement sur l'honneur devait être sacré et fidèlement rempli.

Pourtant, loin de donner la démission promise, M. Aimelafille avait déclaré « qu'il prenait de nouvelles forces dans cette condamnation ».

Mais, devant les comptes-rendus de la presse parisienne, unanime à reproduire les considérants du jugement, et à leur opposer l'engagement sur l'honneur de la démission, M. Aimelafille a compris que ces mises en demeure sont sérieuses;

qu'il ne peut plus escamoter sa parole aussi aisément qu'il en avait l'habitude.

En vain, M. Gilbert-Martin (qui n'a jamais pu arriver député, grâce à la jalousie de M. Aimelafille) (1) et le nommé Davenne — nouveau Paturot à la recherche d'une position sociale — essaient de nettoyer M. Aimelafille : le premier, par ordre de son patron, M. Lalou ; le deuxième, pour tâcher de recueillir la succession de M. Aimelafille, que tout le monde — et lui tout le premier — déclare être devenu impossible à Bordeaux, soit comme député, soit comme journaliste.

Et en effet, le rôle singulier du sieur Davenne à côté de M. Aimelafille est bien probant.

Les fameuses *nombreuses lettres* (cliché n° 2749) que M. Aimelafille prétend avoir reçues « d'un grand nombre d'amis et d'inconnus », consistent uniquement en la seule lettre du sieur Davenne.

L'ordre du jour du cercle Louis Blanc, qui blâme les élus du suffrage universel de ne pas avoir répondu à l'invitation, est rédigé par le sieur Davenne et proposé par lui.

Enfin, sur la demande de M. Aimelafille, c'est le sieur Davenne qui amène de Talence quelques individus pour renforcer le directeur et l'imprimeur du *Petit Boulanger*, la petite feuille de chou que le sieur Davenne rédige en chef (!). Et tout cela forme un... Comité (?) qui décide qu'il... ne décidera rien.

Et cependant, le sieur Davenne, s'emparant du titre de président, rédige un peu de prose à sa fantaisie pour y tenter, sous forme collective, le nettoyage de M. Aimelafille.

La note est anonyme. Aucun de ces énergiques défenseurs de l'honorabilité de M. Aimelafille n'ose prendre la responsabilité de sa part du nettoyage.

Le mot de démission n'est même pas prononcé.

La note anonyme du sieur Davenne, insérée dans la *France* et la *Victoire*, est accompagnée d'une autre note paraissant émaner de la rédaction, plus anonyme encore, qui informe le public « qu'Aimelafille continuera à lutter ».

Deux jours après, M. Aimelafille, voyant le mauvais effet produit, sentant la réprobation que son attitude inspire à

---

(1) C'est sur les conseils intéressés de M. Aimelafille que M. Gilbert-Martin déclara, sans y attacher d'importance, qu'un mandat n'était pas compatible avec la profession de journaliste.

Et c'est encore M. Aimelafille qui, rédigeant le compte-rendu de cette réunion, faisait faire à M. Gilbert-Martin les déclarations les plus formelles, afin qu'il soit lié par elles à tout jamais. Et c'est cette déclaration, puisée dans la collection de la *Victoire* et affichée sur les murs, qui détermina l'échec de M. Gilbert-Martin.

La jalousie et l'orgueil de M. Aimelafille avaient trouvé là pleine satisfaction.

tous ses électeurs, se décide enfin à parler de ses engagements, mais il dit qu'il « ne résignera son mandat qu'après une grande réunion publique où il veut parler librement et **tacitement** ». (!!??)

C'est encore une tentative pour éluder l'exécution de son engagement d'honneur.

Nous la signalons, celle-ci, comme nous avons signalé successivement les autres échappatoires hypocrites dont il a abusé.

On veut faire une mise en scène; on espère amener, pour couvrir M. Aimelafille, les gros bonnets du parti boulangiste; on prendra des mesures — à la boulangiste — pour *faire* la salle, et, entre deux discours de Laguerre et Déroulède, au milieu du tapage, on glissera furtivement un ordre du jour qui servira de texte à l'habile jésuitisme de M. Aimelafille, pour prétendre que le corps électoral l'a relevé de son engagement d'honneur.

Eh bien ! non ! tous ces subterfuges ne tromperont personne. Pour un honnête homme, il n'y a pas deux façons de tenir sa parole.

M. Aimelafille a promis, sur l'honneur, de donner sa démission.

Il faut qu'il la donne.

Du reste, s'il ne s'exécute pas, les électeurs, dont il s'est moqué, sauront l'y contraindre — dussent-ils aller jusque sur les marches du Palais-Bourbon pour barrer le passage au parjure; et ils l'atteindront jusque dans l'enceinte de la Chambre, par voie de pétition réclamant l'annulation de son mandat, en raison de ses engagements électoraux et de sa domesticité vis-à-vis de M. Lalou.

Et M. Aimelafille aura beau s'y cramponner, les électeurs l'arracheront, par force, du siège de député qu'il a volé et qu'il souille.

# TABLE DES MATIÈRES

---

## *ERRATUM*

A la page 86, on passe de la deuxième partie à la quatrième, ce qui semblerait indiquer l'absence de la troisième partie. Il n'y a là qu'une simple erreur de numérotage qui n'implique pas de lacune.

IMPRIMERIE PRADERON

à l'auteur imprimeur

L. Praderon

216. Route du Médoc

Bouscat. Bx

214

www.ingramcontent.com/pod-product-compliance
Ingram Content Group UK Ltd.
Pitfield, Milton Keynes, MK11 3LW, UK
UKHW022105190726
13855UKWH00002B/655